中外哲學典籍大全

總主編 李鐵映 王偉光

中國哲學典籍卷

宋元明清哲學類

小心齋劄記

〔明〕顧憲成 著

李可心 點校

中國社会科学出版社

圖書在版編目（CIP）數據

小心齋劄記 / 李可心點校．—北京：中國社會科學出版社，2020.9
（中外哲學典籍大全．中國哲學典籍卷）
ISBN 978－7－5203－5655－8

Ⅰ.①小…　Ⅱ.①李…　Ⅲ.①顧憲成（1550－1612）—哲學思想
Ⅳ.①B248.99

中國版本圖書館 CIP 數據核字（2019）第 267967 號

出 版 人　趙劍英
項目統籌　王　茵
責任編輯　張　潛
責任校對　郝玉明
責任印製　王　超

出　　版　中國社會科學出版社
社　　址　北京鼓樓西大街甲 158 號
郵　　編　100720
網　　址　http://www.csspw.cn
發 行 部　010－84083685
門 市 部　010－84029450
經　　銷　新華書店及其他書店

印　　刷　北京君昇印刷有限公司
裝　　訂　廊坊市廣陽區廣增裝訂廠
版　　次　2020 年 9 月第 1 版
印　　次　2020 年 9 月第 1 次印刷

開　　本　710×1000　1/16
印　　張　16.5
字　　數　176 千字
定　　價　59.00 元

凡購買中國社會科學出版社圖書，如有質量問題請與本社營銷中心聯繫調換
電話：010－84083683

中外哲學典籍大全

學術委員會

「中國哲學典籍卷」

學術委員會

主　任　陳　來　趙汀陽　謝地坤　李存山　王　博

委　員（按姓氏拼音排序）

白　奚　陳壁生　陳　静　陳立勝　陳少明　陳衛平　陳　霞　丁四新　馮顔利
干春松　郭齊勇　郭曉東　景海峰　李景林　李四龍　劉成有　劉　豐　王中江
王立勝　吴　飛　吴根友　吴　震　向世陵　楊國榮　楊立華　張學智　張志强
鄭　開

項目負責人　張志强

提要撰稿主持人　劉　豐　趙金剛

提要英譯主持人　陳　霞

總序

中外哲學典籍大全的編纂，是一項既有時代價值又有歷史意義的重大工程。

中華民族經過了近一百八十年的艱苦奮鬥，迎來了中國近代以來最好的發展時期，迎來了奮力實現中華民族偉大復興的時期。中華民族祇有總結古今中外的一切思想成就，才能並肩世界歷史發展的大勢。爲此，我們須編纂一部匯集中外古今哲學典籍的經典集成，爲中華民族的偉大復興、爲人類命運共同體的建設、爲人類社會的進步，提供哲學思想的精粹。

哲學是思想的花朵，文明的靈魂，精神的王冠。一個國家、民族，要興旺發達，擁有光明的未來，就必須擁有精深的理論思維，擁有自己的哲學。哲學是推動社會變革和發展的理論力量，是激發人的精神砥石。哲學解放思維，净化心靈，照亮前行的道路。偉大的時代需要精邃的哲學。

一 哲學是智慧之學

哲學是什麽？這既是一個古老的問題，又是哲學永恒的話題。追問哲學是什麽，本身就是「哲學」問題。從哲學成爲思維的那一天起，哲學家們就在不停追問中發展、豐富哲學的篇章，給出一個又一個答案。每個時代的哲學家對這個問題都有自己的詮釋。哲學是什麽，是懸疑在人類智慧面前的永恒之問，這正是哲學之爲哲學的基本特點。

哲學是全部世界的觀念形態，精神本質。人類面臨的共同問題，是哲學研究的根本對象。本體論、認識論、世界觀、人生觀、價值觀、實踐論、方法論等，仍是哲學的基本問題和生命力所在！哲學研究的是世界萬物的根本性、本質性問題。人們可以給哲學做出許多具體定義，但我們可以嘗試用「遮詮」的方式描述哲學的一些特點，從而使人們加深對何爲哲學的認識。

哲學不是玄虛之觀。哲學來自人類實踐，關乎人生。哲學對現實存在的一切追根究底、「打破砂鍋問到底」。它不僅是問「是什麽」（being），而且主要是追問「爲什麽」（why），特别是追問「爲什麽的爲什麽」。它關注整個宇宙，關注整個人類的命運，關注人生。它關心柴米油鹽醬醋茶和人的生命的關係，關心人工智能對人類社會的挑戰。哲學是對一切實踐經驗的理論升華，它關心具體現象背後的根據，關心人類如何會更好。

哲學是在根本層面上追問自然、社會和人本身，以徹底的態度反思已有的觀念和認識，從價值理想出發把握生活的目標和歷史的趨勢，展示了人類理性思維的高度，凝結了民族進步的智慧，寄託了人們熱愛光明、追求真善美的情懷。道不遠人，人能弘道。哲學是把握世界、洞悉未來的學問，是思想解放、自由的大門！

古希臘的哲學家們被稱爲「望天者」，亞里士多德在《形而上學》一书中説，「最初人們通過好奇—驚讚來做哲學」。如果説知識源於好奇的話，那麽産生哲學的好奇心，必須是大好奇心。這種「大好奇心」衹爲一件「大事因緣」而來，所謂大事，就是天地之間一切事物的「爲什麽」。哲學精神，是「家事、國事、天下事，事事要問」，是一種永遠追問的精神。

哲學不衹是思維。哲學將思維本身作爲自己的研究對象，對思想本身進行反思。哲學不是一般的知識體系，而是把知識概念作爲研究的對象，追問「什麼才是知識的真正來源和根據」。哲學的「非對象性」的思想方式，不是「純形式」的推論原則，而有其「非對象性」之對象。哲學之對象乃是不斷追求真理，是一個理論與實踐兼而有之的過程，是認識的精粹。哲學追求真理的過程本身就顯現了哲學的本質。天地之浩瀚，變化之奥妙，正是哲思的玄妙之處。

哲學不是宣示絶對性的教義教條，哲學反對一切形式的絶對。哲學解放束縛，意味著從一切思想教條中解放人類自身。哲學給了我們徹底反思過去的思想自由，給了我們深刻洞察未來的思想能力。哲學就是解放之學，是聖火和利劍。

哲學不是一般的知識。哲學追求「大智慧」。佛教講「轉識成智」，識與智相當於知識與哲學的關係。一般知識是依據於具體認識對象而來的、有所依有所待的「識」，而哲學則是超越於具體對象之上的「智」。

公元前六世紀，中國的老子説，「大方無隅，大器晚成，大音希聲，大象無形，道隱無名。夫唯道，善貸且成」。又説，「反者道之動，弱者道之用。天下萬物生於有，有生於無」。對道的追求就是對有之爲有、無形無名的探究，就是對天地何以如此的探究。這種追求，使得哲學具有了天地之大用，具有了超越有形有名之有限經驗的大智慧。這種大智慧、大用途，超越一切限制的籬笆，達到趨向無限的解放能力。

哲學不是經驗科學，但又與經驗有聯繫。哲學從其作爲學問誕生起，就包含於科學形態之中，是以科學形態出現的。哲學是以理性的方式、概念的方式、論证的方式來思考宇宙人生的根本問題。在亞里士多德那裏，凡是研究實體（ousia）的學問，都叫作「哲學」。而「第一實體」則是存在者中的「第一個」。研究第一實體的學問稱爲「神學」，也就是「形而上學」，這正是後世所謂「哲學」。一般意義上的科學正是從「哲學」最初的意義上贏得自己最原初的規定性的。哲學雖然不是經驗科學，却爲科學劃定了意義的範圍、指明了方向。哲學最後必定指向宇宙人生的根本問題，大科學家的工作在深層意義上總是具有哲學的意味，牛頓和愛因斯坦就是這樣的典範。

哲學不是自然科學，也不是文學藝術，但在自然科學的前頭，哲學的道路展現了；在文學藝術的山頂，哲學的天梯出現了。哲學不斷地激發人的探索和創造精神，使人在認識世界的過程中，不斷達到新境界，在改造世界中從必然王國到達自由王國。

哲學不斷從最根本的問題再次出發。哲學史在一定意義上就是不斷重構新的世界觀、認識人類自身的歷史。哲學的歷史呈現，正是對哲學的創造本性的最好説明。哲學史上每一位哲學家對根本問題的思考，都在爲哲學添加新思維、新向度，猶如爲天籟山上不斷增添一隻隻黃鸝翠鳥。

如果説哲學是哲學史的連續展現中所具有的統一性特徵，那麽這種「一」是在「多」個哲學的創造中實現的。如果説每一種哲學體系都追求一種體系性的「一」的話，那麽每種「一」的體系之間都存在着千絲相聯、多方組合的關係。這正是哲學史昭示於我們的哲學多樣性的意義。多樣性與統一性的依存關係，正是哲學尋求現象與本質、具體與普遍相統一的辯證之意義。

哲學的追求是人類精神的自然趨向，是精神自由的花朵。哲學是思想的自由，是自由的思想。

中國哲學，是中華民族五千年文明傳統中，最爲内在的、最爲深刻的、最爲持久的精神追求和價值觀表達。中國哲學已經化爲中國人的思維方式、生活態度、道德準則、人生追求、精神境界。中國人的科學技術、倫理道德，小家大國、中醫藥學、詩歌文學、繪畫書法、武術拳法、鄉規民俗，乃至日常生活也都浸潤着中國哲學的精神。華夏文化雖歷經磨難而能够透魄醒神，堅韌屹立，正是來自於中國哲學深邃的思維和創造力。

先秦時代，老子、孔子、莊子、孫子、韓非子等諸子之間的百家争鳴，就是哲學精神在中國的展現，是中國人思想解放的第一次大爆發。兩漢四百多年的思想和制度，是諸子百家思想在争鳴過程中大整合的結果。魏晋之際，玄學的發生，則是儒道冲破各自藩籬，彼此互動互補的結果，形成了儒家獨尊的態勢。隋唐三百年，佛教深入中國文化，又一次帶來了思想的大融合和大解放，禪宗的形成就是這一融合和解放的結果。兩宋三百多年，中國哲學迎來了第三次大解放。儒釋道三教之間的互潤互持日趨深入，朱熹的理學和陸象山的心學，就是這一思想潮流的哲學結晶。

與古希臘哲學强調沉思和理論建構不同，中國哲學的旨趣在於實踐人文關懷，它更關注實踐的義理性意義。中國哲學當中，知與行從未分離，中國哲學有着深厚的實踐觀點和生活觀點，倫理道德觀是中國人的貢獻。馬克思説，「全部社會生活在本質上是實踐的」，實踐的觀點、生活的觀點也正是馬克思主義認識論的基本觀點。這種哲學上的契合性，正是馬克思主義能够在中國扎根並不斷中國化的哲學原因。

「實事求是」是中國的一句古話。今天已成爲深邃的哲理，成爲中國人的思維方式和行爲基準。實事求是就是解放思想，解放思想就是實事求是。實事求是是毛澤東思想的精髓，是改革開放的基石。只有解放思想才能實事求是。實事求是就是中國人始終堅持的哲學思想。實事求是就是依靠自己，走自己的道路，反對一切絶對觀念。所謂中國化就是一切從中國實際出發，一切理論必須符合中國實際。

二　哲學的多樣性

實踐是人的存在形式，是哲學之母。實踐是思維的動力、源泉、價值、標準。人們認識世界、探索規律的根本目的是改造世界，完善自己。哲學問題的提出和回答，都離不開實踐。馬克思有句名言：「哲學家們只是用不同的方式解釋世界，而問題在於改變世界！」理論只有成爲人的精神智慧，才能成爲改變世界的力量。

哲學關心人類命運。時代的哲學，必定關心時代的命運。對時代命運的關心就是對人類實踐和命運的關心。人在實踐中產生的一切都具有現實性。哲學的實踐性必定帶來哲學的現實性。哲學的現實性就是强調人在不斷回答實踐中各種問題時應該具有的態度。

哲學作爲一門科學是現實的。哲學是一門回答並解釋現實的學問，哲學是人們聯繫實際、面對現實的思想。可以説哲學是現實的最本質的理論，也是本質的最現實的理論。哲學始終追問現實的發展和變化。哲學存在於實踐中，也必定在現實中發展。哲學的現實性要求我們直面實踐本身。

哲學不是簡單跟在實踐後面，成爲當下實踐的「奴僕」，而是以特有的深邃方式，關注着實踐的發展，提升人的實踐水平，爲社會實踐提供理論支撑。從直接的、急功近利的要求出發來理解和從事哲學，無異於向哲學提出它本身不可能完成的任務。哲學是深沉的反思，厚重的智慧，事物的抽象，理論的把握。哲學是人類把握世界最深邃的理論思維。

哲學是立足人的學問，是人用於理解世界、把握世界、改造世界的智慧之學。「民之所好，好之，民之所惠，惠之。」哲學的目的是爲了人。用哲學理解外在的世界，理解人本身，也是爲了用哲學改造世界、改造人。哲學研究無禁區，無終無界，與宇宙同在，與人類同在。

存在是多樣的，發展是多樣的，這是客觀世界的必然。宇宙萬物本身是多樣的存在，多樣的變化。歷史表明，每一民族的文化都有其獨特的價值。文化的多樣性是自然律，是動力，是生命力。各民族文化之間的相互借鑒，補充浸染，共同推動著人類社會的發展和繁榮，這是規律。對象的多樣性、複雜性，決定了哲學的多樣性；即使對同一事物，人們也會產生不同的哲學認識，形成不同的哲學派別。哲學觀點、思潮、流派及其表現形式上的區別，來自於哲學的時代性、地域性和民族性的差异。世界哲學是不同民族的哲學的薈萃，如中國哲學、西方哲學、阿拉伯哲學等。多樣性構成了世界，百花齊放形成了花園。不同的民族會有不同風格的哲學。恰恰是哲學的民族性，使不同的哲學都可以在世界舞臺上演繹出各種「戲劇」。即使有類似的哲學觀點，在實踐中的表達和運用也會各有特色。

人類的實踐是多方面的，具有多樣性、發展性，大體可以分爲：改造自然界的實踐，改造人類社會的實踐，完善人本身的實踐，提升人的精神世界的精神活動。人是實踐中的人，實踐是人的生命的第一屬性。實踐的社會性決定了哲學的社會性，哲學不是脱離社會現實生活的某種遐想，而是社會現實生活的觀念形態，是文明進步的重要標誌，是人的發展水平的重要維度。哲學的發展狀況，反映着一個社會人的理性成熟程度，反映著這個社會的文明程度。

哲學史實質上是自然史、社會史、人的發展史和人類思維史的總結和概括。自然界是多樣的，社會是多樣的，人類思維是多樣的。所謂哲學的多樣性，就是哲學基本觀念、理論學説、方法的異同，是哲學思維方式上的多姿多彩。哲學的多樣性是哲學的常態，是哲學進步、發展和繁榮的標誌。哲學是人的哲學，哲學是人對事物的自覺，是人對外界和自我認識的學問，也是人把握世界和自我的學問。哲學的多樣性，是哲學的常態和必然，是哲學發展和繁榮的内在動力。一般是普遍性，特色也是普遍性。從單一性到多樣性，從簡單性到複雜性，是哲學思維的一大變革。用一種哲學話語和方法否定另一種哲學話語和方法，這本身就不是哲學的態度。

多樣性並不否定共同性、統一性、普遍性。物質和精神，存在和意識，一切事物都是在運動、變化中的，是哲學的基本問題，也是我們的基本哲學觀點！

當今的世界如此紛繁複雜，哲學多樣性就是世界多樣性的反映。哲學是以觀念形態表現出的現實世界。哲學的多樣性，就是文明多樣性和人類歷史發展多樣性的表達。多樣性是宇宙之道。

哲學的實踐性、多樣性，還體現在哲學的時代性上。哲學總是特定時代精神的精華，是一定歷史條件下人的反思活動的理論形態。在不同的時代，哲學具有不同的内容和形式，哲學的多樣性，也是歷史時代多樣性的表達。哲學的多樣性也會讓我們能够更科學地理解不同歷史時代，更爲内在地理解歷史發展的道理。多樣性是歷史之道。

哲學之所以能發揮解放思想的作用，在於它始終關注實踐，關注現實的發展；在於它始終關注著科學技術的進步。哲學本身没有絶對空間，没有自在的世界，只能是客觀世界的映象，觀念形態。没有了現實性，哲學就遠離人，就離開了存在。哲學的實踐性，説到底是在説明哲學本質上是人的哲學，是人的思維，是爲了人的科學！哲學的實踐性、多樣性告訴我們，哲學必須百花齊放、百家争鳴。哲學的發展首先要解放自己，解放哲學，就是實現思維、觀念及範式的變革。人類發展也必須多途並進，交流互鑒，共同繁榮。采百花之粉，才能釀天下之蜜。

三　哲學與當代中國

中國自古以來就有思辨的傳統，中國思想史上的百家争鳴就是哲學繁榮的史象。哲學是歷史發展的號角。中國思想文化的每一次大躍升，都是哲學解放的結果。中國古代賢哲的思想傳承至今，他們的智慧已浸入中國人的精神境界和生命情懷。

中國共産黨人歷來重視哲學，毛澤東在一九三八年，在抗日戰争最困難的條件下，在延安研究哲學，創作了實踐論和矛盾論，推動了中國革命的思想解放，成爲中國人民的精神力量。

中華民族的偉大復興必將迎來中國哲學的新發展。當代中國必須有自己的哲學，當代中國的哲學必須要從根本上講清楚中國道路的哲學道理。中華民族的偉大復興必須要有哲學的思維，必須要有不斷深入的反思。發展的道路，就是哲思的道路，文化的自信，就是哲學思維的自信。哲學是引領者，可謂永恒的「北斗」，哲學是時代的「火焰」，是時代最精緻最深刻的「光芒」。從社會變革的意義上説，任何一次巨大的社會變革，總是以理論思維爲先導。理論的變革，總是以思想觀念的空前解放爲前提，而「吹響」人類思想解放第一聲「號角」的，往往就是代表時代精神精華的哲學。社會實踐對於哲學的需求可謂「迫不及待」，因爲哲學總是「吹響」這個新時代的「號角」。「吹響」中國改革開放之

「號角」的，正是「解放思想」「實踐是檢驗真理的唯一標準」「不改革死路一條」等哲學觀念。「吹響」新時代「號角」的是「中國夢」，「人民對美好生活的向往，就是我們奮鬥的目標」。發展是人類社會永恒的動力，變革是社會解放的永遠的課題，思想解放，解放思想是無盡的哲思。中國正走在理論和實踐的雙重探索之路上，搞探索没有哲學不成！

中國哲學的新發展，必須反映中國與世界最新的實踐成果，必須反映科學的最新成果，必須具有走向未來的思想力量。今天的中國人所面臨的歷史時代，是史無前例的。十三億人齊步邁向現代化，這是怎樣的一幅歷史畫卷！是何等壯麗、令人震撼！不僅中國歷史上亘古未有，在世界歷史上也從未有過。當今中國需要的哲學，是結合天道、地理、人德的哲學，是整合古今中西的哲學，只有這樣的哲學才是中華民族偉大復興的哲學。

當今中國需要的哲學，必須是適合中國的哲學。無論古今中外，再好的東西，也需要再吸收，再消化，必須要經過現代化和中國化，才能成爲今天中國自己的哲學。哲學是解放人的，哲學自身的發展也是一次思想解放，也是人的一个思維升華、羽化的過程。中國人的思想解放，總是隨著歷史不斷進行的。歷史有多長，思想解放的道路就有多長；發展進步是永恒的，思想解放也是永無止境的，思想解放就是哲學的解放。

習近平説，思想工作就是「引導人們更加全面客觀地認識當代中國、看待外部世界」。這就需要我們確立一種「知己知彼」的知識態度和理論立場，而哲學則是對文明價值核心最精練和最集中的深邃性表達，有助於我們認識中國、認識世界。立足中國、認識中國，需要我們審視我們走過的道路，立足中國、認識世界，需要我們觀察和借鑒世界歷史上的不同文化。中國「獨特的文化傳統」、中國「獨特的歷史命運」、中國「獨特的基本國情」，「決定了我們必然要走適合自己特點的發展道路」。一切現實的、存在的社會制度，其形態都是具體的，都是特色的，都必須是符合本國實際的。抽象的制度，普世的制度是不存在的。同時，我們要全面客觀地「看待外部世界」。研究古今中外的哲學，是中國認識世界、認識人類史，認識自己未來發展的必修課。今天中國的發展不僅要讀中國書，還要讀世界書。不僅要學習自然科學、社會科學的經典，更要學習哲學的經典。當前，中國正走在實現「中國夢」的「長征」路上，這也正是一條思想不斷解放的道路！要回答中國的問題，解釋中國的發展，首先需要哲學思維本身的解放。哲學的發展，就是哲學的解放，這是由哲學的實踐性、時代性所決定的。哲學無禁區、無疆界。哲學是關乎宇宙之精神，是關乎人類之思想。哲學將與宇宙、人類同在。

四　哲學典籍

中外哲學典籍大全的編纂，是要讓中國人能研究中外哲學經典，吸收人類精神思想的精華；是要提升我們的思維，讓中國人的思想更加理性、更加科學、更加智慧。

中國有盛世修典的傳統。中國古代有多部典籍類書（如「永樂大典」「四庫全書」等），在新時代編纂中外哲學典籍大全，是我們的歷史使命，是民族復興的重大思想工程。

只有學習和借鑒人類精神思想的成就，才能實現我們自己的發展，走向未來。中外哲學典籍大全的編纂，就是在思維層面上，在智慧境界中，繼承自己的精神文明，學習世界優秀文化。這是我們的必修課。

不同文化之間的交流、合作和友誼，必須達到哲學層面上的相互認同和借鑒。哲學之間的對話和傾聽，才是從心到心的交流。中外哲學典籍大全的編纂，就是在搭建心心相通的橋樑。

我們編纂這套哲學典籍大全，一是中國哲學，整理中國歷史上的思想典籍，濃縮中國思想史上的精華；二是外國哲學，主要是西方哲學，吸收外來，借鑒人類發展的優秀哲學成果；三是馬克思主義哲學，展示馬克思主義哲學中國化的成就；四是中國近現代以來的哲學成果，特别是馬克思主義在中國的發展。

編纂這部典籍大全，是哲學界早有的心願，也是哲學界的一份奉獻。中外哲學典籍大全總結的是書本上的思想，是先哲們的思維，是前人的足迹。我們希望把它們奉獻給後來人，使他們能够站在前人肩膀上，站在歷史岸邊看待自己。

中外哲學典籍大全的編纂，是以「知以藏往」的方式實現「神以知來」；中外哲學典籍大全的編纂，是通過對中外哲學歷史的「原始反終」，從人類共同面臨的根本大問題出發，在哲學生生不息的道路上，綵繪出人類文明進步的盛德大業！

發展的中國，既是一個政治、經濟大國，也是一個文化大國，也必將是一個哲學大國、思想王國。人類的精神文明成果是不分國界的，哲學的邊界是實踐，實踐的永恒性是哲學的永續綫性，打開胸懷擁抱人類文明成就，是一個民族和國家自强自立，始終佇立於人類文明潮頭的根本條件。

擁抱世界，擁抱未來，走向復興，構建中國人的世界觀、人生觀、價值觀、方法論，這是中國人的視野、情懷，也是中國哲學家的願望！

李鐵映

二〇一八年八月

「中國哲學典籍卷」

序

中國古無「哲學」之名，但如近代的王國維所說，「哲學爲中國固有之學」。

「哲學」的譯名出自日本啓蒙學者西周，他在一八七四年出版的百一新論中說：「將論明天道人道，兼立教法的philosophy譯名爲哲學。」自「哲學」譯名的成立，「philosophy」或「哲學」就已有了東西方文化交融互鑒的性質。

「philosophy」在古希臘文化中的本義是「愛智」，而「哲學」的「哲」在中國古經書中的字義就是「智」或「大智」。孔子在臨終時慨嘆而歌：「泰山壞乎！梁柱摧乎！哲人萎乎！」（史記孔子世家）「哲人」在中國古經書中釋爲「賢智之人」，而在「哲學」譯名輸入中國後即可稱爲「哲學家」。

哲學是智慧之學，是關於宇宙和人生之根本問題的學問。對此，中西或中外哲學是共同的，因而哲學具有世界人類文化的普遍性。但是，正如世界各民族文化既有世界的普遍性，也有民族的特殊性，所以世界各民族哲學也具有不同的風格和特色。如果說「哲學」是個「共名」或「類稱」，那麼世界各民族哲學就是此類中不同的「特例」。這是哲學的普遍性與多樣性的統一。

在中國哲學中，關於宇宙的根本道理稱爲「天道」，關於人生的根本道理稱爲「人道」，中國哲學的一個貫穿始終的核心問題就是「究天人之際」。一般說來，天人關係問題是中外哲學普遍探索的問題，而中國哲學的「究天人之際」具有自身的特點。

亞里士多德曾說：「古今來人們開始哲學探索，都應起於對自然萬物的驚異……這類學術研究的開始，都在人生的必需品以及使人快樂安適的種種事物幾乎全都獲得了以後。」「這些知識最先出現於人們開始有閒暇的地方。」這是說的古希臘哲學的一個特點，是與當時古希臘的社會歷史發展階段及其貴族階層的生活方式相聯繫的。與此不同，中國哲學是產生於士人在社會大變動中的憂患意識，爲了求得社會的治理和人生的安頓，他們大多「席不暇暖」地周遊列國，宣傳自己的社會主張。這就決定了中國哲學在「究天人之際」

中首重「知人」，在先秦「百家争鳴」中的各主要流派都是「務爲治者也，直所從言之異路，有省不省耳」（史記太史公自序）。

中國哲學與其他民族哲學所不同者，還在於中國數千年文化一直生生不息而未嘗中斷，中國文化在世界歷史的「軸心時期」所實現的哲學突破也是采取了極温和的方式。這主要表現在孔子的「祖述堯舜，憲章文武」，删述六經，對中國上古的文化既有連續性的繼承，又經編纂和詮釋而有哲學思想的突破。因此，由孔子及其後學所編纂和詮釋的上古經書就以「先王之政典」的形式不僅保存下來，而且在此後中國文化的發展中居於統率的地位。

據近期出土的文獻資料，先秦儒家在戰國時期已有對「六經」的排列，「六經」作爲一個著作群受到儒家的高度重視。至漢武帝「罷黜百家，表章六經」，遂使「六經」以及儒家的經學確立了由國家意識形態認可的統率地位。漢書藝文志著録圖書，爲首的是「六藝略」，其次是「諸子略」「詩賦略」「兵書略」「數術略」和「方技略」，這就體現了以「六經」統率諸子學和其他學術。這種圖書分類經幾次調整，到了隋書經籍志乃正式形成「經、史、子、集」的四部分類，此後保持穩定而延續至清。

中國傳統文化有「四部」的圖書分類，也有對「義理之學」「考據之學」「辭章之學」和「經世之學」等的劃分，其中「義理之學」雖然近於「哲學」但並不等同。中國傳統文化没有形成「哲學」以及近現代教育學科體制的分科，但是中國傳統文化確實固有其深邃的哲學思想，它表達了中華民族的世界觀、人生觀，體現了中華民族的思維方式、行爲準則，凝聚了中華民族最深沉、最持久的價值追求。

清代學者戴震説：「天人之道，經之大訓萃焉。」（原善卷上）經書和經學中講「天人之道」的「大訓」，就是中國傳統的哲學；不僅如此，在圖書分類的「子、史、集」中也有講「天人之道」的「大訓」，這些也是中國傳統的哲學。「究天人之際」的哲學主題是在中國文化上下幾千年的發展中，伴隨著歷史的進程而不斷深化、轉陳出新、持續探索的。

中國哲學首重「知人」，在天人關係中是以「知人」爲中心，以「安民」或「爲治」爲宗旨的。在記載中國上古文化的尚書皋陶謨中，就有了「知人則哲，能官人；安民則惠，黎民懷之」的表述。在論語中，「樊遲問仁，子曰：『愛人。』問知（智），子曰：『知人。』」（論語顏淵）「仁者愛人」是孔子思想中的最高道德範疇，其源頭可上溯到中國文化自上古以來就形成的崇尚道德的優秀傳統。孔子說：「未能事人，焉能事鬼？」「未知生，焉知死？」（論語先進）「務民之義，敬鬼神而遠之，可謂知矣。」（論語雍也）「智者知人」，在孔子的思想中雖然保留了對「天」和鬼神的敬畏，但他的主要關注點是現世的人生，是「仁者愛人」「天下有道」的價值取向，由此確立了中國哲學以「知人」爲中心的思想範式。西方現代哲學家雅斯貝爾斯在大哲學家一書中把蘇格拉底、佛陀、孔子和耶穌作爲「思想範式的創造者」，而孔子思想的特點就是「要在世間建立一種人道的秩序」，「在現世的可能性之中」，孔子「希望建立一個新世界」。

中國上古時期把「天」或「上帝」作爲最高的信仰對象，這種信仰也有其宗教的特殊性。如梁啓超所說：「各國之尊天者，常崇之於萬有之外，而中國則常納之於人事之中，此吾中華所特長也。……其尊天也，目的不在天國而在世界，受用不在未來（來世）而在現在（現世）。是故人倫亦稱天倫，人道亦稱天道。記曰：『善言天者必有驗於人。』此所以雖近於宗教，而與他國之宗教自殊科也。」由於中國上古文化所信仰的「天」不是存在於與人世生活相隔絶的「彼岸世界」，而是與地相聯繫（中庸所謂「郊社之禮，所以事上帝也」，朱熹中庸章句注：「郊，祀天；社，祭地。不言后土者，省文也。」），具有道德的、以民爲本的特點（尚書所謂「皇天無親，惟德是輔」，「天視自我民視，天聽自我民聽」，「民之所欲，天必從之」），所以這種特殊的宗教性也長期地影響著中國哲學對天人關係的認識。相傳「人更三聖，世經三古」的易經，其本爲卜筮之書，但經孔子「觀其德義而已」之後，則成爲講天人關係的哲理之書。四庫全书總目易類序說：「聖人覺世牖民，大抵因事以寓教……易則寓於卜筮。故易之爲書，推天道以明人事者也。」不僅易經是如此，而且以後中國哲學的普遍架構就是「推天道以明人事」。

春秋末期，與孔子同時而比他年長的老子，原創性地提出了「有物混成，先天地生」（老子二十五章），天地並非固有的，在天地産生之前有「道」存在，「道」是産生天地萬物的總根源和總根據。「道」内在於天地萬物之中就是「德」，「孔德之容，惟道是從」（老子二十一章），「道」與「德」是統一的。老子說：「道生之，德畜之，物形之，勢成之。是以萬物莫不尊道而貴德。道之尊，德之貴，夫莫之命而常自然。」（老子五十一章）老子的價值主張是「自然無爲」，而「自然無爲」的天道根據就是「道生之，德畜之……是以萬物莫不尊道而貴德」。老子所講的「德」實即相當於「性」，孔子所罕言的「性與天道」，在老子哲學中就是講「道」與「德」的形而上學。實際上，老子哲學確立了中國哲學「性與天道合一」的思想，而他從「道」與「德」推出「自然無爲」的價值主張，這就成爲以後中國哲學「推天道以明人事」普遍架構的一個典範。雅斯貝爾斯在大哲學家一書中把老子列入「原創性形而上學家」，他說：「從世界歷史來看，老子的偉大是同中國的精神結合在一起的。」他評價孔、老關係時說：「雖然兩位大師放眼於相反的方向，但他們實際上立足於同一基礎之上。兩者間的統一在中國的偉大人物身上則一再得到體現……」這裏所謂「中國的精神」「立足於同一基礎之上」，就是説孔子和老子的哲學都是爲了解決現實生活中的問題，都是「務爲治者也」。

在老子哲學之後，中庸説：「天命之謂性」，「思知人，不可以不知天」。孟子説：「盡其心者知其性也，知其性則知天矣。」（孟子盡心上）此後的中國哲學家雖然對天道和人性有不同的認識，但大抵都是講人性源於天道，知天是爲了知人。一直到宋明理學家講「天者理也」，「性即理也」，「性與天道合一存乎誠」。作爲宋明理學之開山著作的周敦頤太極圖說，是從「無極而太極」講起，至「形既生矣，神發知矣，五性感動而善惡分，萬事出矣」，這就是從天道講到人事，而其歸結爲「聖人定之以中正仁義而主静，立人極焉」，這就是從天道、人性推出人事應該如何，「立人極」就是要確立人事的價值準則。可以説，中國哲學的「推天道以明人事」最終指向的是人生的價值觀，這也就是要「爲天地立心，爲生民立命，爲往聖繼絶學，爲萬世開太平」。在作爲中國哲學主流的儒家哲學中，價值觀又是與道德修養的工夫論和道德境界相聯繫。因此，天人合一、真善合一、知行合一成爲中國哲學的主要特點。

中國哲學經歷了不同的歷史發展階段，從先秦時期的諸子百家争鳴，到漢代以後的儒家經學獨尊，而實際上是儒道互補，至魏晋玄學乃是儒道互補的一個結晶；在南北朝時期逐漸形成儒、釋、道三教鼎立，從印度傳來的佛教逐漸適應中國文化的生態環境，至隋唐時期完成中國化的過程而成爲中國文化的一個有機組成部分；宋明理學則是吸收了佛、道二教的思想因素，返而歸於「六經」，又創建了論語孟子大學中庸的「四書」體系，建構了以「理、氣、心、性」爲核心範疇的新儒學。因此，中國哲學不僅具有自身的特點，而且具有不同發展階段和不同學派思想内容的豐富性。

一八四〇年之後，中國面臨着「數千年未有之變局」，中國文化進入了近現代轉型的時期。在甲午戰敗之後的一八九五年，「哲學」的譯名出現在黄遵憲的日本國志和鄭觀應的盛世危言（十四卷本）中。此後，「哲學」以一個學科的形式，以哲學的「獨立之精神，自由之思想」推動了中華民族的思想解放和改革開放，中、外哲學會聚於中國，中、外哲學的交流互鑒使中國哲學的發展呈現出新的形態，馬克思主義哲學在與中國的歷史文化傳統、中國具體的革命和建設實踐相結合的過程中不斷中國化而産生新的理論成果。中華民族的偉大復興必將迎來中國哲學的新發展，在此之際，編纂中外哲學典籍大全，中國哲學典籍第一次與外國哲學典籍會聚於此大全中，這是中國盛世修典史上的一個首創，對於今後中國哲學的發展、對於中華民族的偉大復興具有重要的意義。

李存山

二〇一八年八月

「中國哲學典籍卷」

出版前言

社會的發展需要哲學智慧的指引。在中國浩如煙海的文獻中，哲學典籍占據著重要地位，指引著中華民族在歷史的浪潮中前行。這些凝練著古聖先賢智慧的哲學典籍，在新時代仍然熠熠生輝。

收入我社「中國哲學典籍卷」的書目，是最新整理成果的首次發布，按照内容和年代分爲以下幾類：先秦子書類、兩漢魏晋隋唐哲學類、佛道教哲學類、宋元明清哲學類、近現代哲學類、經部（易類、書類、禮類、春秋類、孝經類）等，其中以經學類占多數。本次整理皆選取各書存世的善本爲底本，制訂校勘記撰寫的基本原則以確保校勘品質。全套書采用繁體竪排加專名綫的古籍版式，嚴守古籍整理出版規範，並請相關領域專家多次審稿，作者反復修訂完善，旨在匯集保存中國哲學典籍文獻，同時也爲古籍研究者和愛好者提供研習的文本。

文化自信是一個國家、一個民族發展中更基本、更深沉、更持久的力量。對中國哲學典籍進行整理出版，是文化創新的題中應有之義。中國社會科學出版社秉持「傳文明薪火，發時代先聲」的發展理念，歷來重視中華優秀傳統文化的研究和出版。「中國哲學典籍卷」樣稿已在二〇一八年世界哲學大會、二〇一九年北京國際書展等重要圖書會展亮相，贏得了與會學者的高度讚賞和期待。

點校者、審稿專家、編校人員等爲叢書的出版付出了大量的時間與精力，在此一並致謝。由於水準有限，書中難免有一些不當之處，敬請讀者批評指正。

趙劍英

二〇二〇年八月

本書點校説明

顧憲成（1550—1612），字叔時，江蘇無錫人，號涇陽，學者稱涇陽先生。崇禎初年，贈吏部右侍郎，謚端文，後人又稱顧端文。萬曆四年（1576）應科舉，一舉取得鄉試第一名的成績，中解元。他與當時同爲萬曆四年鄉試頭名的魏允中、劉廷蘭後來交好，時人稱作「三解元」。中間因爲父親去世，在家守喪，直到萬曆八年（1580）才中了進士，授戶部主事，走上他的仕政道路。顧憲成先後在中央和地方輾轉做官，但他所經歷最多的部門是吏部，吏部的文選司、考功司、稽勳司、驗封司，他都經歷過。萬曆二十二年（1594），因爲會推閣臣，觸犯了皇帝的旨意，削籍爲民。是年，爲甲午。萬曆三十六年（1608），雖然朝廷復征顧憲成起爲南京光禄少卿，但是他堅辭未赴。顧氏在野之後，遂專意學術，用志於理學，積極參與東林書院的營建和講學活動，取得更大的影響。政治生涯的告終，轉而帶來了他學術生涯的開敞。小心齋劄記一書便是顧憲成退居之後，逐年積研的成果，也是他最具代表性的著作。

一

小心齋劄記，計十八卷，是顧憲成日常讀書思索所得及與師友商榷論衡之語，隨爲劄記，每年整理爲一卷，始於萬曆二十二年（1594），即他革職爲民的甲午之年，終於萬曆三十九年辛亥（1611），即他逝世的前一年。劄記一書，文有長短，或扼要僅一二行，或灑灑幾數百千言，體裁近於宋儒張載的正蒙、胡宏的知言，與語録之體有别，皆精思有造，或極有關係之語，非泛濫無謂之比。有學者謂：「（顧憲成）所著有小心齋劄記等書，論事者十三，論學者十七。咀味之，語約義長，真吉人之詞也。」[一]此則識者之言，可以知其質矣。顧氏立言，多切中要害，析理透闢。所又可貴者劄記一書，不諛不矜，衡論古今，經營十八年而成，有首有尾，未嘗間斷。可見顧氏覃研之勤，功夫之卓，而其精思勝論，一生的學術旨趣亦薈萃

[一] 姚希孟：公槐集卷五名臣謚議。

於斯，精光不滅。故我們如果欲了解顧氏的學術思想，進而欲上通於朱王學術、宋明理學，於彼二者之來去加深一番領會，此書都無疑具有十分重要的意義。

顧憲成不僅如我們通常所耳聞者，在明代後期萬曆一朝，具有重要的政治影響，而且其在明代後期、明清之際的學術發展之中，尤具公允的崇高地位。即與顧氏誼在師友間的高攀龍，在給顧憲成寫的行狀中已然論道：「自孟子以來，得文公千四百年間一大折衷也。自文公以來，得先生又四百年間一大折衷也。」〔一〕高氏傾心將顧憲成與朱子的地位相比，可爲推尊之至。就史書所載，明末大儒黄宗羲著明儒學案，網羅一代儒彦，專辟東林學案四卷以殿之；孫奇逢作爲理學宗傳一書，於明代理學建宗者四人，薛瑄、王陽明、羅洪先之下，而顧憲成繼焉。又如李顒自謂「區區平日，尊信顧高如尊程朱」〔二〕。此數輩，皆後人仰以爲大師碩儒，我們藉之取信，可見顧憲成在明代後期及明清之際的學術影響力。這一點，我們應當增加歷史的客觀的了解。

〔一〕高攀龙：高子遗书卷十一下南京光禄寺少卿泾阳顾先生行状。
〔二〕李颙：二曲集卷十六答吴濬长。

二

劄記一書所反映的顧憲成的思想内容十分豐富，然其弘綱深意，可提掇略言爲兩點，其他引而伸之，觸類長之，可本於此。這兩點：一是其道統之説，一是其對陽明學無善無惡之説的批判。

在理學的道統觀念上，顧憲成無疑是獨樹一幟的，也體現了他對理學的深刻見解。如，他評價宋明理學流傳以來的關鍵人物道：

周元公，三代以下之庖犧也。（劄記卷三）

孔子表章六經，以推明羲堯諸大聖之道，而萬世莫能易也。朱子表章太極圖等書，以推明周程諸大儒之道，而萬世莫能易也。此之謂命世。（劄記卷三）

周元公尚矣。明道晦庵兩先生各有獨到處，未易以優劣論也。（劄記卷三）

「地平天成」，「萬世永賴」，元公其庶乎！「一匡天下，民到於今受其賜」，文成其庶乎！（劄記卷三）

道統是對特定之道的闡發和傳承統緒。顧憲成特別重視儒家道統，强調學者有必要認清道統。他的道統説較之前輩的道統説，更有細膩之處，也更加完整，帶有總結的意味。他的道統説里有幾箇重要的人物節點，即周元公、程明道、朱晦庵、王陽明。顧憲成認爲：周敦頤新辟道源，程顥推行於當時，朱熹闡明於後世；周子萬世永賴，陽明一匡天下；宋明道統的傳承當以周子爲宗。最有特色的地方還在於，顧憲成提出「一統兩宗」[二]的道統格局，對朱子和陽明在道統中的地位都進行了合理的肯定，又都加以了應有的調劑，從而實現了對道學思想最大程度的統合。這種明確而經典的處理方式，具有重要的思想史意義。

就無善無惡的批判問題來説，顧憲成投入了極大的精力，進行了全面的溯源的批判。

[二] 参泾皋藏稿卷十一日新书院记。

顧氏對於人的心性問題十分重視，認爲這是爲學與爲人的根本之處，故辨析不能不精，維持不可不嚴，工夫不能不密。本書之所以取名「小心齋劄記」，小心齋即顧氏的書齋，他以「小心」名齋，顯見他學術的心得之所在。又有一點可注意者，即劄記一書的起訖若無意若有意，首尾相銜，前後照應，深言爲學之本，直揭心性之要。他説：

惟知性，然後可與言學；惟知學，然後可與言性。（劄記卷一）

語本體，只是性善二字；語工夫，只是小心二字。（劄記卷十八）

顧憲成學問的發思，即著意於知性。他認爲只有知性，才能知學；復唯有真知學，才能有事於性。且心性一體交關，性不明則心放，性既明則知小心。其文之始，猶以知以學言，其文之終，則鄭重論定，而明揭本體唯在性善，工夫唯在小心，則其一生深體極會乃盡蘊於斯。

顧憲成之所以堅持表彰性善論，主要針對陽明所提出而其後學所鼓吹的「無善無惡」

之說。顧氏充分肯定陽明對儒學發展的貢獻，就陽明所提出過的人性學說，他認爲，陽明「至善者，性也。性原無一毫之惡，故曰至善」一說，是極爲平正的，但晚來「無善無惡」之說卻又極易滋生流弊。他對告子、釋氏的追溯批評，以及與管志道等學者展開的反復辯論，主要圍繞這一主題。他認爲，「無善無惡」不是出於正當的儒學觀念，比較儒家與佛老，他指出：「無聲無臭，吾儒之所謂空也；無善無惡，二氏之所謂空也。」（劄記卷四）儒學有儒學的空的觀念，既不能諱言，也不能混言，曲解以致誤解儒學的人性善惡觀念，對工夫以及人的行爲會發生有害的引導。

顧憲成的道統説對宋明理學所作的新的架構，其性善、小心之所對儒學精神的嚴正把握和維護，對於我們今天探討儒學遺産的繼承來說，也是具有啟發意義的。至於顧氏對先天後天、理氣、性命等傳統理學問題，以及他在經學方面所作的持續積累和研究工作，這裏不再一一詳述。

三

小心齋劄記是顧憲成一部獨立的學術著作，在他在世時，同安蔡獻臣於萬曆戊申

（1608）就已經刻行過前十二卷。庚戌（1610），又作爲著述之一，合刻於涇皋八書當中。同年冬吴㧑謙又於南京匯刻小心齋劄記。清康熙戊寅（1698），瀘州知府張純修通過顧憲成的曾孫顧貞觀獲讀顧氏遺書，將其十一種已刊及鈔本多加重訂，合刻爲顧端文公遺書（附東林會約一卷，顧端文公年譜四卷）四十一卷。光緒三年（1877），涇里宗祠重刻遺書，編次稍異。2011年鳳凰出版社「無錫文庫」第四輯據康熙戊寅本影印出版。今點校即取康熙戊寅刻本爲底本，參校光緒三年涇里宗祠重刻本。時間倉促，遺書全本，一時無以畢任，唯先出劄記一書以便讀者之用。點校若易，而實難藏拙，敬希讀者指教爲幸。

李可心

二〇一八年五月

目録

顧涇陽小心齋劄記序[一]

蔡獻臣

涇陽顧先生魁南畿時，筆力議論與蘇長公相上下，天下人士争慕效之，文體爲之一變。獻臣總角業舉，即知嚮往，今三十年餘矣。先生以銓郎坐諫謫，再起秉銓，復坐置相事謫且廢也。人望先生如景星慶雲，非塵寰所有，而先生顧恬然怡然，退而修明正學于梁溪間。邑故有東林書院，爲宋楊龜山講學之所，茀廢久矣，先生倡同志興復之。每會，遠近縉衿至者甚衆，無不以先生爲大師。于兹之時，人望先生更如泰山北斗矣。獻臣治兵江陰，每見先生風度冲遠，不覺鄙吝之心都盡。久之，乃得請所爲小心齋劄

[一] 據廈門市圖書館校注本蔡獻臣著清白堂稿卷四補。

記，自乙巳溯甲午，蓋是年先生始謫廢也。獻臣讀其書，大抵發性命心知之奧旨，闡孔孟周程之微言；至於老、佛、諸子之異同，朱王諸儒之得失，亦往往嚴焉；間旁及政治人才，則古今進退之衡也。蓋先生之學，直窺本原；先生之志，力擔世道；先生之風，千仞高翔；先生之言，百世可俟。信乎一代之宗儒也！醇乎醇者也！

不敏既獲卒業，因屬無錫令林君德衡梓而傳焉。雖然，蒼生未嘗忘先生，先生亦未嘗忘蒼生，主爵者虛席先生屢矣。上一日幡然求舊則大儒之效，先生亦何幸於吾身親見之哉！

小心齋劄記卷一　甲午

惟知性，然後可與言學；惟知學，然後可與言性。

伊川先生言「西銘，原道之宗祖」，愚竊以爲，太極圖説又西銘之宗祖也。蓋西銘止推到生萬物之父母，太極圖説直推到生天生地之父母。學者須於此立脚〔二〕，方有箇究竟處。

朱子曰：「學之爲言，效也。人性皆善而覺有先後，後覺者必效先覺之所爲，乃可以明善而復其初也。」其訓精矣。愚竊惟，「天生蒸民，有物有則」，耳之爲物本自聰，只依他去聽；目之爲物本自明，只依他去視；是即所謂效也。故曰：「歸而求之，有餘師。」認得一「性」字親切，即欲一毫自棄而有所不敢也。故曰：「惟知性，然後可與言學。」認得一「學」字親切，即欲一毫自用而有所不敢也。故曰：「惟知學，然後可與言性。」

〔二〕宗祠本作「腳」。

程子每見人靜坐，便嘆其善學。羅豫章教李延平於靜中看喜怒哀樂未發氣象。至朱子，又曰：「只理會得道理明透，自然是靜，不可去討靜坐。」三言皆有至理，須合而參之始得。

善乎！孟子之言舜也曰：「舜之居深山之中，與木石居，與鹿豕游，所以異於深山之野人者幾希。」學人能時時體認此等氣象，消却無限鄙吝。

「子之燕居，申申如也，夭夭如也。」正是靜中妙境可玩。程子曰：「嚴厲時，著此四字不得；怠惰放肆時，著此四字不得。」此又分明將聖人一腔精髓拈出，令人就裏認取，有箇覿面相逢處也。

「一簞食，一瓢飲」，「有若無，實若虛」，「以能問於不能，以多問於寡」，「犯而不校」，顏子讓盡了天下人，只是不肯讓那兩箇人。或問：「那兩箇人是誰？」曰：「『舜何人也，予何人也，有爲者亦若是』，是不肯讓箇舜。『步亦步』，『趨亦趨』，『欲罷不能』，是不肯讓箇孔子。」

「仰之彌高，鑽之彌堅。瞻之在前，忽焉在後」，「無極而太極」也。博文約禮，「一陰一陽」也。「既竭吾才，如有所立卓爾」，陰陽即太極也。「雖欲從之，末由也已」，「太極本無極也」。周元公曰：「發孔子之藴，教萬世無窮者，顔子也。」知言哉！

朱子曰：「聖門自顔子而下，穎悟莫若子貢；自曾子而下，篤實莫若子夏。」愚竊以爲，顔子而下，穎悟莫若曾點；曾子而下，篤實莫若子路。蓋曾點子路胸中乾淨，充得盡時便是聖人；子貢子夏似覺黏帶，多與聖人血脈較遠也。

息邪説，距詖行，守先王之道以待後學，萬世之心也。舍顔閔，異夷惠，而獨願學孔子，萬世之眼也。故曰：孟子亞聖。

語人心曰「惟危」，語道心曰「惟微」，又曰「出入無時，莫知其鄉」。語獨曰「十目所視，十手所指」，語人之所以異於禽獸者曰「幾希」。讀其言，想見聖賢滿腔子都是一箇戰兢恐懼之心。

孔孟既没，吾道不絶如綫，至宋而始一光。發脈得一周元公，結局得一朱晦翁；而二程及張邵羅李諸先生復相與後先，主持於其間。天實命之以斯文之寄，非偶然也。

二程與横渠康節，一時鼎興，氣求聲應，此吾道將隆之兆也。微元公，孰爲之開厥始？

流傳浸久，分裂失真，於是乎有禪而儒者，有霸而儒者，有史而儒者，此吾道將渙之兆也。微晦翁，孰爲之持厥終？韓昌黎謂「孟子之功不在禹下」，愚謂元公之功不在孟子下，晦翁之功不在元公下。

明道見處極高，便有玄語。伊川見處極正，便有拙語。横渠見處極深，便有艱語。康節見處極超，便有玩語。晦翁見處極實，便有滯語。象山見處極徑，便有狂語。惟元公其不可及也夫！

太極圖說，元公之中庸也；通書，元公之論語也。上下二千年間，一人而已矣！知元公之深者，前莫如程大中，後莫如朱晦翁。

元公之於道，至矣！所以爲之推行其道，使得昌於當時者，程伯子也。所以爲之推明其道，使得傳於後世者，朱晦翁也。元公藏諸用，其源深；兩先生顯諸仁，其流遠。

易曰：「天地絪緼，萬物化醇。」周子曰：「太極動而生陽，動極而靜；靜而生陰，靜極復動。一動一靜，互爲其根。」愚謂，知天地之所以生萬物，則知太極之所以生天地。周子此數語，模寫絪緼情狀，宛然如畫，真造物傳神手也。

程伯子識仁說，晉人有一語可以形容之，曰「超超玄箸」。學者讀之便應長一格。程伯子曰「仁者渾然與物同體」，只此一語已盡，何以又云「義禮智信皆仁也」？始頗疑其爲贅，及觀世之號識仁者，往往務爲圓融活潑，以外媚流俗而内濟其私，甚而蔑棄廉恥，決裂繩墨，閃爍回互，誑己誑人，曾不省義禮智信爲何物，猶偃然自命曰仁也，然後知伯子之意遠矣。

吴悟齋中丞謂錢緒山曰：「頃貽書王龍溪，欲其實修實證，求之於言之外也。誠恐此老不察，又求之於言之内，不復向羞惡、辭讓、是非上用一針，即所謂惻隱者，未免認賊作子，將一傳而此學爲世戒。」予讀而旨之，以爲正與程伯子言仁之旨合。往嘗舉似同署麻明之，明之曰：「中丞能不認賊作子否？」予曰：「君以爲何如？」明之笑而不答。

程伯子曰：「學者須先識仁。識得此理，以誠敬存之而已。」又曰：「學者識得仁體，實有諸已，只要義理栽培，如求經義，皆栽培之意。」愚謂，以誠敬存之，是收攝保任工夫；以義理栽培，是維持助發工夫。說得十分精密！

羅念庵先生曰：「終日談本體，不說工夫，纔拈工夫，便以爲外道。此等處使陽明復生，亦當攢眉。」愚惟，近世儒者莫不以明道識仁說爲第一義，徐而察之，大率要灑脫，要自在，要享用。有以工夫言者，輒曰「不須防檢，不須窮索」，未嘗致纖毫之力。此其存之之道，恐明道復生，亦當攢眉也。

程伯子論克己復禮，韓持國曰：「道上更有甚克，莫錯否？」伯子曰：「如公之言，乃是說道，克己復禮乃所以爲道也。克己復禮之爲道，亦何傷乎公之所謂道也！若不克己復禮，何以體道？至如公言克不是道，亦是道也，實未嘗離得。」又一日，謂持國曰：「聖賢論天德，謂是天然完全自足之物。若無所汚壞，即當直而行之；小有汚壞，即當敬以治之。合修治而修治，義也；不消修治而不修治，亦義也。故常簡易明白而易行，必以爲無事修治則過矣。」余始甚愛識仁說，近讀此，更有味乎其言，並爲拈出。

識仁說是悟後語。又曰：悟後轉覺工夫難，其究也可以入聖；悟後便覺工夫易，其究也率流而狂。

韓公持國與伊川先生語曰：「今日又暮矣。」伊川曰：「此常理，從來如是，何歎爲？」公曰：「老者行去矣。」伊川曰：「公勿去可也。」公曰：「如何能勿去？」伊川曰：「不能，則去可矣。」兩轉語不過數字，每讀之便覺豁然於此有悟，應不墮生死塹中。

馮東皋謂程伊川曰：「二十年聞先王[二]教誨，今有一奇特事。」先生曰：「何如？」東皋曰：「夜間宴坐，室中有光。」先生曰：「頤亦有奇特事。」東皋請問，先生曰：「每食必飽。」楊子安問易從甚處起。時方揮扇，先生以扇柄畫地一下，曰：「從這裏起。」子安無語。後以告尹彥明，且曰：「當時悔不問此畫從甚處起。」彥明以告，先生曰：「待他問時，只與默然得似箇，子安更喜懽也。」子安聞之遂服。然則伊川若肯參禪，何必在大慧中峰諸人之下，所謂能之而能不爲者也。

必也「行一不義，殺一不辜，而得天下，不爲」，方纔利心消盡；必也「遯世不見知而不悔」，方纔名心消盡；必也如孔之所謂「不知老之將至」，如孟之所謂「殀壽不貳」，方纔軀殼心消盡。

「罔之生也幸而免」，生猶死也。聖人蓋曰：人不得草草而生也。「朝聞道，夕可死矣」，死猶生也。聖人蓋曰：人不得草草而死也。死生之際大矣哉！

〔二〕涇里宗祠本作「生」。

有一鄉之精神，則能通乎一鄉；有一國之精神，則能通乎一國；有天下之精神，則能通乎天下；有萬世之精神，則能通乎萬世。

南海唐仁卿嘗訝余作字潦草，余謝之。昔程伯子作字甚敬，曰：「非是要字好，只此是學。」又曰：「灑掃應對，便是形而上者。」邵堯夫詩曰：「唐虞揖讓三杯酒，湯武征誅一局棋。」王龍溪曰：「須知三杯酒亦用揖讓精神，一局棋亦用征誅精神。」又曰：「聖人遇事無大小，皆以全體精神應之，不然便是執事不敬。」余以此知仁卿之意遠矣。

獨居時能無閒思雜慮否？應事時能無粗心浮氣否？接物時能無凡情俗念否？須是自家一一勘過。

晨起呼童子視庭中石榴，報曰：「昨日含蕊，今日花大放矣。」余喟然歎曰：「渠却〔一〕不虛度了光陰。」

無可無不可，是孔子小心處。

〔一〕涇里宗祠本作「卻」。

鄉愿〔二〕闇然媚世，流俗之所共喜也，而孔子賊之。狂者嘐嘐，流俗之所共笑也，狷者踽踽，流俗之所共疾也，而孔子與之。即此一箇榜樣，便有大功於萬世。

心是箇極活的東西，不由人把捉得。虞書所謂「惟危」「惟微」，南華經所謂「其熱焦火，其寒凝冰」，庶幾足以形容之。這裏須大入理會在。試看孔子豈不是古今第一等大聖？還用了七十年磨煉工夫，方纔敢道箇〔三〕「從心」。試看孟子豈不是古今第一等大賢？還用了四十年磨煉工夫，方纔敢道箇「不動心」。蓋事心之難如此。只有告子最來得易，却又差。

孔子曰：「道之不明也」，「賢者過之」；「道之不行也」，「知者過之」。謂之過，孔子分明自以爲不如。孟子曰：「告子先我不動心。」謂之先，孟子分明自以爲瞠乎其後。然而孔孟卒不以彼易此，何也？其必有見矣。學者將爲孔孟乎？將求勝於孔孟乎？將求勝於孔孟，誠非余之所敢知，將爲孔孟，即孔孟之訓具在，奈何往往忽而不察，徒然相

〔二〕涇里宗祠本作「原」。
〔三〕涇里宗祠本作「箇」。

竟以玄妙直捷爲也！益非余之所敢知矣。願與吾黨共商之。

孟子曰：「告子未嘗知義，以其外之也。」愚又曰：告子未嘗知仁，以其内之也。夫仁義，性之德也，合内外之道也，如之何其二之也？

這箇心極靈，是是非非瞞他不得些子。何但我瞞他不得些子，他也不肯爲我瞞却些子。「閒居爲不善」，則「見君子而厭然」；「胸中不正，則眸子眊焉」。直是將五臟六腑一一呈出與人看。假饒無量惺惺，到這裏，都使不著。語曰「心爲明師」，又曰「心爲嚴師」，旨哉！

子路問鬼神、問死，乃窮理、盡性、至命中事。其曰：「有民人焉，有社稷焉，何必讀書然後爲學？」又「六經注我，我注六經」之説所自出也。此是何等識見？孔子一則曰「未能事人，焉能事鬼」，一則曰「未知生，焉知死」，至乃以佞斥之，其慮深矣。

羅近溪先生曰：「由孩提之不學而能，便可到聖人之不勉而中；由孩提之不慮而知，便可到聖人之不思而得。」此意見得極透。乃宗其説者，因是類喜言自然，圖做箇現成的聖人，則又誤矣。

孟子以不學而能，點出人心之良能；以不慮而知，點出人心之良知；正猶子思子以喜怒哀樂之未發，點出人心之中。蓋謂此等處極難形容，欲人將耳目口鼻四肢一齊放下，認取自家本相原是停停當當，原是玲玲瓏瓏，庶幾憬然有省，不肯將他埋沒過去。非謂學能障人，却把良能來掃之也；非謂慮能障人，却把良知來掃之也。若作如是解，是必率天下而歸於一無所事事可爾，失孟子之指矣。

「貧而無怨難，富而無驕易」，此聖人體貼人情至到之言也。富與貴得之不以道不處，貧與賤得之不以道不去，此聖人體究天理至到之言也。

「人不知而不慍」，「遯世不見知而不悔」，「慍」字「悔」字當有辨。慍者，足己而非人；悔者，狥人而忘己。不慍，自反之至也；不悔，自信之至也。

慍生於滿，悔生於歉，兩者皆從名根來。

悔字亦有二義。易曰「震無咎者存乎悔」，此悔從道心發也。若不見知而悔，此悔却在不見知上起了念頭。既有此念，進則必至於索隱行怪以求有述，退則必至於半途而廢矣，乃從人心發也。不可不辨。

或問：「『以文會友，以友輔仁』，舊作二句看，近來俱作一句看，孰是？」曰：「以文會友，委是以友輔仁；以友輔仁，却不專靠以文會友。蓋以文會友，特輔仁中一事；以友輔仁，則所指者廣矣。由此言之，作一句看固佳，作二句看又自有深長之味也。」

嘉靖壬寅，林平泉先生以庶吉士請告還，會唐荊川先生於京口。連舟至丹陽，謁陳少陽祠，入門見汪黄二像，踝膝庭下。荊川指謂平泉曰：「宰相之不足恃如此！」拜後出，視祠額題「宋贈秘閣修撰」。平泉曰：「一秘閣修撰何加於陳少陽，盍亦書『宋太學生』使人興感！」荊川曰：「君言固當，如没高宗悔過之善何？」是日，訪陳氏子孫，出高宗悔過詔書，内云：「朕九年於兹，一食三歎，使萬世而下知朕爲不仁不智之主。」相對感喟，詔旨諄切若此！予惟兩先生之説，均於世道有裨，試使當年題曰「宋故太學生贈秘閣修撰」，兩義固並行而不悖也。

陽生於子而實始於亥，亥之爲言孩也，有向長之意焉。陰生於午而實始於巳，巳之爲言止也，有向消之意焉。聖人爲扶陽抑陰計，即一制字間，無不著精神也。

或問：「白沙先生云『靜中養出端倪』，竊意，這箇物事妙絶方所，何端倪之可言？」

曰：「此處要善看。「卓爾」者顔子之端倪也，「躍如」者孟子之端倪也，亦曾落方所否？」

或問孟子有命有性二條。曰：「此爲告子而發，總之是明性善也。」曰：「何也？」曰：「『食色性也。』告子謂性自性，無與於善矣。孟子特揭命之一字以破之，以見性自有在，不得離善而言性也。『仁内也，非外也；義外也，非内也。』告子謂善自善，無與於性矣。孟子特揭性之一字以收之，以見善本固有，不得離性而言善也。故曰：總之是明性善。」曰：「註中一伸一抑之説何如？」曰：「此語恐尚有商量。君子不謂性，正以其似性非性，實不可冒認爲性，於自家軀殼上求其圓滿也，非曰：原來是性，故借命以掩之也。君子不謂命，正以其似命非命，實不可冒認爲命，於自家道理上聽其缺陷也，非曰：原來是命，故借性以掩之也。何伸抑之有？」

戰國時論性家紛紛而起，其與孟子角立者，則惟告子一人。乃其主張食色也，既未免看得性太低，至夷而入於人欲之内，適爲世之狥[一]生者開自便之門；其掃除仁義也，又未免看得性太高，至駕而出於天理之上，適爲世之談空者開玄妙之門，幾何不率天下而禍性也！孟子目擊心惻，悉力推敲，其所主張，特與掃除，因而别食色於性，使彼知向之認以爲真者，究竟非真；其所掃除，特與主張，因而歸仁義於性，使彼知向之認以爲妄者，究竟非妄。於是性之本來面目始見，而告子之説兩俱無安頓處矣。乃荀楊諸人，猶然各立異論，欲翻孟子之案，迄於今且人人愛説無善無惡，至强而附於孟子之案曰：「此正性善之本來面目也。」竊恐，爲是説者豈惟誣性，且誣孟子；豈惟誣孟子，且誣告子。其費安排甚矣！尚可與論性乎？

〔一〕涇里宗祠本作「徇」。

小心齋劄記卷二　乙未

「性即理也」，言不得認氣質之性爲性也；「心即理也」，言不得認血肉之心爲心也。皆喫緊爲人語。

學者第一要憤。語曰「發憤忘食」，須知只這「憤」字，便做成孔子。

聖人不思而得矣，未嘗以不思而得概天下也；不勉而中矣，未嘗以不勉而中概天下也。是故曰擇善固執，曰博學、審問、愼思、明辨、篤行，曰人一己百、人十己千。且聖人非特不以不思而得概天下也，亦未嘗以不思而得自處；非特不以不勉而中概天下也，亦未嘗以不勉而中自處。是故曰發憤忘食，曰好古敏求，曰不如丘之好學。而今開口便說箇不思不勉，何言之易也！

不思而得，精神恰在那「得」字上；不勉而中，精神恰在那「中」字上。而今要學聖人，須就這裏參取，只說箇不思不勉濟甚事！「或生而知之，或學而知之，或困而知之，及其知之，一也。或安而行之，或利而行之，或勉强而行之，及其成功，一也。」試看這話頭，還是論箇得不得？還是論箇思不思？還是論箇中不中？還是論箇勉不勉？

或問：「中庸云『喜怒哀樂之未發謂之中』，説者以爲未發之時，蓋指本體而言也。此説似與朱子不同，何如？」曰：「朱子原有兩説，此説即其前一説。朱子曰：『人自有生即有知識，其間初無頃刻停息。然聖賢之言，則有所謂未發之中、寂然不動者，夫豈以日用流行者爲已發，而指夫暫而休息、不與事接之際爲未發時耶？嘗試以此求之，則泯然無覺之中，邪暗鬱塞，似非虚名〔一〕應物之體；而幾微之際，一有覺焉，則又便爲已發而非寂然之謂。蓋愈求而愈不可見。於是退而驗之於日用之間，則凡感之而通，觸之而覺，蓋有渾然全體應物而不窮者。是乃天命流行，生生不已之機，雖一日之間萬起萬滅，而其寂然之本體則未嘗不寂然也。所謂未發如是而已，夫豈别有一物，限於一時，拘於一處，而可以謂之中哉？』章句所用乃其後一説也。朱子曰：『天命之性，萬理具焉，喜怒哀樂，各有攸當。方其未發，渾然在中，無所偏倚，故謂之中；及其發而皆得其當，無所乖戾，故謂之和。』又曰：『未發之前不可尋覓，已發之後不容安排。但平日莊敬涵養之功至而無人欲之私以亂之，則其未發也，鏡明水止；而

〔一〕涇里宗祠本作「明」，當從「明」。

其發也，無不中節矣。向來講論思索，直以心爲已發，而日用功夫，亦止以察識端倪爲最初下手處。以故闕却平日涵養一段工夫，使人胸中擾擾，無深潛純一之味，而其發之言語事爲之間，亦常急迫浮露，無復雍容深厚之風。蓋所見一差，其害乃至於此，不可以不審也。」朱子以後說爲定，遂以前說爲誤。而近世學者又率以其後說掩其前說，則亦考之不詳矣。愚嘗平心體究，竊以爲兩說不妨並存，非必執一而病一也。陽明先生曰：「『只因後儒將未發已發分說了，故劈頭說箇無未發已發。若真知得無未發已發，就說有未發已發，原不妨，原有箇未發已發在。』蓋亦有見於此耳。」曰：「陽明所謂原有箇未發已發在，果以時言乎？」曰：「觀其下文，以鐘聲爲喻，而曰『未扣時原是驚天動地，既扣時也只是寂天寞地』，明明點出兩箇時字了也。」曰：「後儒何故將未發已發分說？」曰：「『喜怒哀樂之未發謂之中，發而皆中節謂之和』，原是子思子分來，不干後儒事。若曰中自爲中，和自爲和，兩者截然各爲一物，即後儒原不聞有此也。爲此言者，將無見已之見太伶俐，見人之見太癡重乎？」

「易有太極，是生兩儀。」太極，先天也，未發也；兩儀，後天也，發也。是一說也。「夫乾，其靜也專，其動也直」，「夫坤，其靜也翕，其動也辟」。靜，體也，未發也；動，用也，發也。又一説也。然則兩説於中庸孰當？曰：若論中庸本旨，章句爲近。

或問：「陽明先生致良知之説何如？」曰：「自陽明以來，談良知者幾且盈天下矣。徐而察之，其於良知似猶在離合之間也。盍徵諸孟子之言乎？『孩提之童無不知愛其親也，及其長也，無不知敬其兄也。親親，仁也；敬長，義也。』竊惟仁義爲性，愛敬爲情，知愛知敬爲才，良知二字蓋通性、情、才而言之者也。乃主良知者既曰『吾所謂知，是體而非用』，駁良知者又曰『彼所謂知，是用而非體』，恐不免各墮邊見矣。」曰：「有言良知即仁義禮智之智，又有言分別爲知，良知亦是分別，孰當？」曰：「似也而未盡也。夫良知一也，在惻隱爲仁，在羞惡爲義，在辭讓爲禮，在分別爲智，非可定以何德名之也。只因「知」字與「智」字通，故認知爲用者，既專以分別屬之；認知爲體者，又專以智屬之，恐亦不免各墮邊見矣。孟子之所謂良知，果若是乎？」

性，體也；情，用也；曰知曰能，才也，體用之間也。是故性無爲而才有爲，情有專屬而才無專屬。惟有爲，則仁義禮智一切憑其發揮，有似乎用，所以説者謂之用也。然遂舉而概諸四端，恐兩下尚不能無毫釐之別。惟無專屬，則惻隱、羞惡、辭讓、是非一切歸其統率，有似乎體，所以説者謂之體也。然遂指而名之曰性，恐究竟且不免有千里之謬矣。陽明先生揭致知，特點出一箇「良」字，又曰「性無不善，故知無不良」，其言殊有斟酌。

乾之彖曰：「大哉乾元，萬物資始。」坤之彖曰：「至哉坤元，萬物資生。」繫辭曰：「乾以易知，坤以簡能」，又曰「乾知大始，坤作成物」。這是太極兩箇大總管，千變萬化，皆由此出。人心之有知能，亦猶是也。

性，太極也。知曰良知，所謂乾元也；能曰良能，所謂坤元也。不慮言易也，不學言簡也。故曰：「天人一也，更不分別」。

庚辰，予與南樂魏懋權同舉春官，又同門也，一見如生平歡。已，又得閩劉國徵。於時張江陵秉政，懋權每睹時事乖剌，輙〔二〕爲憂形於色，且時時過予兩人，相對太息。一日忽曰：「江陵汰已甚，吾儕又新進，何能爲，盍私諸申座師乎？庶可默回萬分一也。」因

〔二〕宗祠本作「輒」。

約各爲書一通。予既具草，往叩懋權。懋權出其書視予，書曰：「今天下漸不可長者，抑莫甚於人情。事有異有常，而人情有安有駭。天之常，日月星辰而孛蝕異；人之常，君臣父子而亂賊異；中國之常，禮樂文章而左衽異；官使之常，賢智忠良而憸邪異；政治之常，剛柔正直而偏詖異。常則安，異則駭，人之情未有不然者也。竊取近一二事較之，或大謬不然。春正月日食，其月月食，夏五月月再食，秋八月慧星見，九月太白經天，三吳大水無年，子殺父，薊鎮沿邊諸郡地震累日，椎髻之族千百成群出入塞下，索漢財物，吏不得禁。此皆耳目所不習，非常可異者也，而今且安焉。主事趙世卿疏時政，天子幸不切責，吏部黜以爲長史。御史劉臺言事得罪，天下悲其忠，安福奸民乘間誣奏之。進士南企仲乞歸終養，聽撫按勘。中外諸上書與諸省程録，動稱大臣功德，言不及君。此皆耳目所不習，非常可異者也，而今且安焉。夫安與駭不並行，所安在此，所駭必在彼。孛蝕以爲安，則見日月星辰而駭；亂賊以爲安，則見君臣父子而駭；左衽以爲安，則見禮樂文章而駭；憸邪以爲安，則見賢智忠良而駭；偏詖以爲安，則見剛柔正直而駭。夫人之情至於常其異，異其常，駭其安，安其駭，此其漸可使長耶？不可使長耶？所關於世道理亂得失巨耶？細耶？竊以爲宜及今而矯之，尚有可爲。然而矯世之責，實惟門下。門下初舉進士，名在第一；十餘年進拜宰相，位復第一。誠於今日，察天下異常之勢，杜人情安駭之漸，慨然身任其事，爲天下國家計，而不復爲己之功名與他人之富貴，則相業亦在第一無疑。夫人之情，彼或導之而吾不能矯之，導之過也，不能矯之亦過也。門下其何辭焉！」予讀之既，喟然嘆曰：「經世之文也！」退而自削其草〔二〕。

劉國徵書曰：「門生猥以庸愚，謬辱采拔，感念知己，莫効尺寸。深惟夫子取士之意，見在録中，而有懷不言，慚負薦書。竊見夫子位極人臣，遭時明聖，忠厚正直，爲百僚師表，天下欣然想見治平。而邇年以來，四方多故，災異稠疊，歲朝日食，春夏地數震，江南大水漂湧，秋客星見，彗星縱横河漢十日有奇，太白正晝經天。夫日者君象，衆陽之宗，陽德不明則不能制陰，陰桀乘之，干紀失常，此皆莫大之變。徵表爲國門生，不敏，知夫子蓋早以爲憂也。竊以爲朝廷當赫然下求言罪己之詔，不則亦宜減膳撤樂，齋居露禱，以回天怒。而諫官御史亦宜摭實奏言，切陳闕失，庶幾萬有一可備修省之助。今既

〔二〕宗祠本作「艸」。

數月矣，上下相蒙，恬然不以爲怪，信有如王介甫所謂不足畏之説者，中夜反復，至爲寒心。夫天道神明，災不虚生。今天下子弑父，僕戕主，郡邑榜箠租税，民至析骨易孩而食，自經死者相望。聰明才智之士，業不得致於學，較其計畫，未卜何之。俺答土蠻，動擁數十萬，窺我邊疆，人心皇皇，無有固志。天下之元氣，蕭然日索一日，災異之應，爛然可睹矣。而中外上書，動稱述大臣功德，比於舜禹；於泛然章奏之中，陡入諛語，漫不顧上下。此何怪其玩視天變而不以聞者！顧門生竊伏思之，未必皆諸人之過。天下無事，士大夫爭相慕效，皆欲保爵禄，順子孫，買田宅，爲逸樂富厚之計。故以官而博言者，百不得一；以身而博言者，千不得一；以身家破亡之禍而博言者，億萬不得一。夫趙主事世卿朝上疏而夕即竄諸長沙，則是不能有其官也。劉御史臺之跧伏草野五年矣，而必欲治之罪，則是不能有其身也。且告訐之風漸不可長，株連蔓引，其禍必長。如前日吳中行趙用賢之徒，恐禍出不測。嗚呼！此英雄之所以垂首，忠諫之所以結舌，夫子以身致太平，豈欲有此聞之？執政大臣，方主國是，未易窺測，而夫子之位，適在第三。夫天下之事，非一家私議，故可否相濟，乃謂之和。君臣且然，况於共事之人，所宜協衷一德，以成厥美者？聖莫高於周召，而猶有不相悦之時，豈可舍社稷安危之計而顧私家疑忌之嫌哉？且彼其亦未知天下之勢至此極也，意定於先，令制於己，壅蔽久而忠言罔聞也。災異之來，得無堯湯視與？夫子試略舉言之，未必不竦然易慮者。蓋昔綏和元光之世，士大夫多流於隨，其究也君命犯而主威奪。元祐熙豐之世，士大夫多過於激，其究也朋黨成而天下受其禍。伏惟夫子處於不激不隨之間，以應天地神人之望。門生遠方新進之士，不敢徑進其言於君側，而執政之門又非可遽以言通。夫草野儒生，居恒披心腹相口舌者，曰師曰弟子云爾，故昧死以上。」余惟懋權之論正矣，而是書語意婉篤，規諷備至，又有足深繹者，因並録而存之。

聖賢以義利分别君子小人，莊子乃曰「伯夷死名，盜跖死利」，是將那「名」字换這「義」字，義利判然兩途，名利則等耳。如此，方纔壓得君子與小人一般。後世敲剥君子者，皆用此法，一字之毒，流禍無窮。假令此老見之，不知以爲何如也！好名，中人所不免，由中人以上則不屑也，由中人以下則不能也。若乃托於不屑以蓋其不能，譬諸小人，其猶穿窬之類也乎？

胡文定言：「朱子發雖修謹，皆是僞爲。」范濟美應云：「如公輩，却是至誠。」文定遜謝云：「某何敢當至誠二字。」濟美戲曰：「子發是僞爲善，公是至誠爲惡。」戲則戲矣，却自有可思也。文中子曰：「惡衣薄食，少思寡欲，今人以爲詐，我則好詐焉。」又曰：「吾願見僞靜詐儉者。」其意正與此同。

好名一念，上之有礙於天理，是故在善中爲惡；下之有礙於人欲，是故在惡中爲善。世之學者莫不曰聲色貨利，正何足論！須拔去名根，乃是第一義耳。信乎其第一義也，吾焉得而訛之？雖然，彼其所爲深疾夫名根者，果以其有礙於天理乎？抑以其有礙於人欲乎？以其有礙於天理而思去之，則大善也；以其有礙於人欲而思去之，則大惡也。於此含糊而漫爲高論也，夫誰欺？欺天乎？

程伯子曰：「新法之行，吾黨亦有過焉，豈可獨罪安石也？」知此而後可與盡己之性。張思叔問：「鄒志完以極諫得罪，世疑其賣直。」程叔子曰：「君子當於有過中求無過，不當於無過中求有過。」知此而後可與盡人之性。

生而知之，上也；學而知之，次也；困而知之，又其次也；不知而作，則妄人而已矣。蓋世間有一種人，自負聰明，説得去，做得來，便爾前無往古，後無來今；以爲吾性本靈，不消些子依倣，吾性本足，不消些子幇添，只就箇中流出，縱横闔闢，頭頭是道矣。豈不甚偉！由聖人觀之，却只是箇不知而作，俗所謂杜撰是也。此等人看那多聞而擇、多見而識的，直笑以爲支離瑣碎不足道。由聖人觀之，生知而下，便須數著他。謂之次，正見其可追隨而上，非有判然懸絶之等，故曰「及其成功一也」。就兩人較，一邊師心自用，偃然處己於生知之列，究竟反不如多聞而擇、多見而識的還得爲知之次；一邊視古人無不勝似我，去多聞中參取，視今人無不勝似我，去多見中參取，歉然處己於庸衆之下，究竟却與生知的殊途而同歸。孰得孰失，必有能辨之者。

或問：「説者云：夫子曰『蓋有不知而作之者，我無是也』，此言良知在我，隨感隨應，自無不知。若乃多聞，擇其善者而從之，多見而識之，則是專求諸見聞之末，而已落在第二義矣，故曰『知之次也』。然否？」曰：「此爲專求諸見聞之末者言，誠頂門一針。然而體察孔子當時口氣，似乎不類，何者？孔子自謂無不知而作，今如所云，是孔子自謂無不知也。自謂無不知而作，其辭平，其意虚；自謂無不知，其辭矜，其意滿矣。且多聞而擇，能擇者誰？所擇者何物？多見而識，能識者誰？所識者何物？易言『多識前言往行，以畜其德』，正是這箇工夫。若專求諸見聞之末，則程子所訶玩物喪志者耳，是乃知之蠹也，何但落第二義而已乎！」

人言，利根的無假見聞，鈍根的却要借這箇開發。此語恐未盡。利根的大頭腦已自分明，若肯用多聞多見工夫，將來越鍊得細膩。鈍根的，須是他心地上掃得空空無一物，方好商量。若便引入見聞中，幾何不弄得昏了。

「孟子道性善，言必稱堯舜」，此二語當時時三復。試思，説箇性有何不了，又要點出善字來？説箇善有何不了，又要提出性字來？説箇性善有何不了，又要標出堯舜兩箇大聖人來？此中殊有種種苦心，不可只泛然看過。

告子之徒，或以無善無不善言性，或以可善可不善言性，或以有善有不善言性。他們何嘗不自性立宗，但只就各人意思兩下揣摩，故其説往往眩於影響，没箇著落。點出善字，正示性有定體，不可以岐見淆也。楊墨之徒，或以兼愛言仁，或以爲我言義，或以兼愛、爲我之間言中。他們何嘗不自善立宗，但各就自家意思一邊認取，故其説往往滯於枝節，没箇頭腦。提出性字，正示善有大原，不可以局見窺也。至於言必稱堯舜，又何也？若曰：往古來今，不知凡幾何人，而獨堯舜蕩蕩巍巍，共推爲兩至聖也。試相與誦説一番，有不躍然欣慕者乎？又若曰：人人此性，人人此善，即人人堯舜，而獨讓兩聖人超今邁古，無能步趨其萬一也。試相與對證一番，有不恍然自失者乎？然則揭示標準，皷[二]舞嚮往在此；激發秉彝，振起積習在此；策懦爲強，破昏爲明，喚醒一時之醉夢，豁開萬世之心眼在此。孟子之所以反反覆覆爲吾人計，切矣！至矣！盡矣！讀此而不動念，定是麻木漢。

[二] 宗祠本作「鼓」。

小心齋劄記卷三 丙申

自昔聖賢論性，曰「帝衷」，曰「民彝」，曰「物則」，曰「誠」，曰「中和」，總總只是一箇善。告子却曰「性無善無不善」，便是要將這「善」字打破。自昔聖賢論學，有從本領上説者，總總是箇求於心；有從作用上説者，總總是箇求於氣。告子却曰「不得於言，勿求於心；不得於心，勿求於氣」，便是要將這「求」字打破。將這「善」字打破，本體只是一箇[一]空；將這「求」字打破，工夫也只是一箇空。故曰：告子禪宗也。

或問：「許行何如？」曰：「其並耕也，所以齊天下之人，將尊卑上下一切掃去。其不二價也，所以齊天下之物，將精粗美惡一切掃去。總總成就一箇空。」曰：「如此，許行也與告子一般意思？」曰：「然。只是告子較深，許行較淺。」曰：「何也？」曰：

[一] 宗祠本作「箇」。

「許行空却外面的，告子空却裏面的。」

告子仁内義外之説，非謂人但當用力於仁而不必求合於義，亦非因孟子之辨而稍有變也，正發明杞柳桮棬之意耳。何也？「食色性也」，原未有所謂仁義，猶杞柳原未有所謂桮棬也。「仁内也，非外也；義外也，非内也」，各滯方所，物而不通。是故仁義成而性虧，猶桮棬成而杞柳虧也。始終只是一説。

「食色性也」，當下即是，更有何事？若遇食而甘之，遇色而悦之，便未免落在情境一邊，謂之仁，不謂之性矣。若於食而辨其孰爲可甘，於色而辨其孰爲可悦，便未免落在理路一邊，謂之義，不謂之性矣。故曰：動意則乖，擬心則差。告子之指蓋如此。吾乃知中國之有佛學，非自漢始也。

孔子表章六經，以推明羲堯諸大聖之道，而萬世莫能易也。朱子表章太極圖等書，以推明周程諸大儒之道，而萬世莫能易也。此之謂命世。

周元公，中行也；程淳公，幾之矣，未離乎狂也；程正公，未離乎狷也；朱子狂狷之間也。

程伯子曰：「昔受學於周茂叔，每令尋仲尼顔子樂處所樂何事。」又曰：「自再見周茂叔後，吟風弄月以歸，有吾與點也之意。」又有詩曰：「雲淡風輕近午天，傍花隨柳過前川。時人不識余心樂，將謂偷閒學少年。」此以知伯子之未能盡元公也。程叔子狀伯子曰：「先生十五六時，聞汝南周茂叔論道，遂厭科舉之業，慨然有求道之志。未知其要，泛濫於諸家，出入老釋者幾十年，反求諸六經而得之。」此以知叔子之未能盡元公，且未能盡伯子也。

周元公，三代以下之庖犧也。當時二程先生親受學於門，猶未能盡元公，則知元公者鮮矣。紹興間，侍講胡康侯請進二程，從祀於先師之廟。乾道間，大學魏掞之請祀二程於學，並不及元公，則知元公者益鮮矣。至於象山陸子，直疑無極之説出自老子，訟言排之。其門人楊慈湖並詆通書穿鑿害道，可謂斯文之一厄也。獨朱子與象山反覆辨正，又特爲表章以行於世，而周子之道煥然復明。且令來者有所持循，因得尋見從上聖賢血脈。其功大矣！

周元公尚矣。明道晦庵兩先生各有獨到處，未易以優劣論也。

讀慈湖氏之書，則濂溪明道亦支離矣，不特朱子也。讀釋迦氏之書，則六經語孟亦支離矣，不特濂溪明道也。噫！

慈湖曰：「濂溪云：『元亨，誠之通；利貞，誠之復。』於天下至一之中，忽起通復之異說，穿鑿爲甚！」愚竊以爲更有甚焉。文王於天下至一之中，忽起元亨利貞之異說，是穿鑿之宗也。庖犧於天下至一之中，忽起乾、坤、坎、離、震、艮、巽、兑之異說，是穿鑿之祖也。此之不問而獨於濂溪乎求多，何也？慈湖之學以不起意爲宗，試看此等處有意乎？無意乎？皆在慈湖獨知之中，非吾所能懸度矣。

慈湖又曰：「洪範惟言思，未嘗言無思，而濂溪必取乎無思者，是猶未識乎思也。『思曰睿』，明思未嘗不睿，未嘗不妙，未嘗不神，此不可以有無解，何復取乎無思哉？離思而取無思，是猶未悟百姓日用之即道也。孔子曰：『何莫由斯道也？』。周子猶未悟思之即道、思之即無思也。」審如是，慈湖之必取乎不起意，何也？

大學言誠意，論語言無意，中庸言慎思，繫辭言無思，各是一箇道理。會得時，又只是一箇道理。是故其言誠且慎也，非慮言無者之蕩於空而借此以實之也；其言無也，非慮言誠且慎者之窒於實而借此以空之也。若以不起意格誠意，以思格無思，此正所謂穿鑿耳。

陽明先生曰：「慈湖不可謂無見，又著在無聲無臭上見了。」此語慈湖聞之，亦須首肯。愚謂，王泰州即陽明之慈湖也。

五宗昌而虛無寂滅之教熾矣，所以使天下知有吾儒之道之當來而歸者，周元公也。程朱没而記誦辭章之習熾矣，所以使天下知有自心自性之當反而求者，王文成也。「地平天成」，「萬世永賴」，元公其庶乎！「一匡天下，民到於今受其賜」，文成其庶乎！

卓哉，其元公乎！吾始以爲元公也，而今乃知其宛然一孔子也。太極圖説推明天地萬物之原，直與河圖洛書相表裏；通書四十章，又與太極圖説相表裏。其言約，其指遠，其辭文，其爲道易簡而精微，博大而親切。是故可以點化上士，可以鍛鍊中士，可以防閑下士。未嘗爲吾儒標門户，而爲吾儒者，咸相與進而奉之爲斯文之主盟，莫得而越焉；未嘗與二氏辨異同，而爲二氏者，咸相與退而各守其宗，莫得而混焉。至矣盡矣！誠足以考前聖而不謬，俟後聖而不惑矣！陽明先生開發有餘，收束不足。當士人桎梏於訓詁詞章間，驟而聞良知之說，一時心目俱醒，恍若撥雲霧而見白日，豈不大快！然而此竅一鑿，混沌幾亡，往往憑虛見而弄精魂，任自然而藐兢業。陵夷至今，議論益玄，習尚益下，高之放誕而不經，卑之頑鈍而無恥。仁人君子又相顧徘徊，喟然太息，以爲倡始者殆亦不能無遺慮焉，而追惜之。此其所以遜元公也。然則朱子何如？曰：以考亭爲宗，其弊也拘；以姚江爲宗，其弊也蕩。拘者有所不爲，蕩者無所不爲。拘者人情所厭，順而決之爲易；蕩者人情所便，逆而挽之爲難。昔孔子論禮之弊，而曰：「與其奢也，寧儉」。然則論學之弊，亦應曰：與其蕩也，寧拘。此其所以遜朱子也。

王塘南先生曰：「學者以任情爲率性，以媚世爲與物同體，以破戒爲不好名，以不事檢束爲孔顔樂地，以虛見爲超悟，以無所用耻爲不動心，以放其心而不求爲未嘗致纖毫之力者，多矣，可嘆也！」此數語，字字拏著禁處，所謂「一棒一條痕，一摑一掌血」。

李見羅先生表章大學，特揭出知止、知本兩言，可謂洞徹孔曾之藴。見羅先生之揭修身爲本也，而曰：「原是調元之聖劑，今爲補虛之上藥。」又曰：

「一步離身，即走到上帝邊去，亦末也。」可謂深切著明矣。

或問：「當下之説何如？」曰：「『我欲仁，斯仁至矣』，孔子之語當下也。『今人乍見孺子入井，皆有怵惕惻隱之心』，孟子之語當下也。孔子先拈出『欲』字，方纔説「仁至」，是就工夫上點本體。孟子先拈出『心』字，方纔説「擴而充之」，是就本體上點工夫。由孔子之説，見在便有下手處；由孟子之説，到底亦無歇手處。孔子説得極切實，孟子説得極圓滿，總只是要人去做。」

論本體，縱做到幽厲蹻蹠，依然無改於初，故曰「惟狂克念作聖」。論功夫，縱做到堯舜周孔，一毫放鬆不得，故曰「惟聖罔念作狂」。

文王作六十四卦之彖，獨於坎言心，其危微之指乎？

孔子誨子路以知，而曰：「知之爲知之，不知爲不知，是知也。」直指本體，當下即了。其誨子路以敬，而曰：「修己以安人」，「修己以安百姓，堯舜猶病也」。究竟功用，到底不了。此最易簡最廣大，聖門第一義諦也。然則孔子之所以注意於子路可知，而子路之所以爲子路亦可知矣。子思班諸舜與顔之間，孟子班諸舜與禹之間，有以哉！

楊子安侍郎好禪，使其親戚王元致問難於尹彦明曰：「六經蓋藥也，無病安用藥？」彦明曰：「固是。只爲開眼即是病。」每誦斯言，輒爲毛骨俱竦。

唐仁卿曰：「凡事先求己過，聖功也。」又曰：「望重朝紳，不若信於寒微之友；生徒滿天下，不若使閨門之内與我同心。」愚以爲此惟慎獨者能之。

羅豫章論舜之事瞽瞍，而曰：「只爲天下無不是底父母」。愚讀書，見舜命禹征有苗，及其不服，惟退而誕敷文德，不敢有一毫忿疾於〔一〕頑之意，直看得天下無不是的人。孟子三自反篇，援舜示的，有以夫！

惟看得天下無不是底父母，然後能格頑爲慈，委無不是底父母。惟看得天下無不是的人，然後能化梗爲順，委無不是底人。此舜之所以爲大也！

或問：「易之有訟也，厥義云何？」曰：「有君子之訟，有小人之訟。君子之訟主於自訟，九五是也。小人之訟主於訟人，餘五爻是也。自訟是第一箇善念頭，故特繫之曰『元吉』。訟人是第一箇惡念頭，故初言『不永』，二言『逋』，三言『厲』，四言『渝』，

〔一〕宗祠本作「于」。

上言『褫』，蓋無往不致其戒焉。聖人之情見矣。」

「萬方有罪，罪在朕躬」，湯之所爲自訟也。「百姓有過，在予一人」，武之所爲自訟也。孔子曰：「聽訟，吾猶人也，必也使無訟乎？」夫惟自訟，然後能無訟也。故曰：「九五：訟，元吉。」

言者往往於當事者求多，人疑其意在沽名，誠有似乎沽名矣，然而實當事者之藥石也。當事者往往於言者求多，人疑其意在拒諫，誠有似乎拒諫矣，然而實言者之藥石也。吾以爲，此兩人交相警則交相益，交相尤則交相損。

爲進言者處，必有諸己然後可以求諸人，無諸己然後可以非諸人。爲聽言者處，譬則用藥然，期於能去病已耳。若按本草一一而訕之曰：「是偏於寒，是偏於熱。」此乃爲藥尋病，而非爲病求藥也。何益何益！

勿謂今人不如古人，自立而已。勿謂人心不如我心，自盡而已。

須是留得赤子的心腸，方可爲聖賢；須是留得書生的滋味，方可爲卿相。

或問：「天下何以太平？」曰：「君相一心，其上也；其次閣銓一心，亦須做得一半。」

仲舒曰「仲尼之門，五尺童子羞稱五伯」，此意最見得好。三千、七十其間品格之殊，至於倍蓰，只一段心事箇箇光明，提著權謀術數便覺忸怩，自然不肯齒及他，非故擯而絶之也。

中庸曰：「誠者，不勉而中，不思而得」。此即所謂生知安行之聖人，對學知利行、困知勉行而言也，非曰：不思不勉是誠，纔涉了思勉便是僞也。孟子曰：堯舜性之，湯武反之，五伯假之。將堯舜與湯武對言，是安勉之辨；將堯舜湯武與五伯對言，是誠僞之辨。安、勉殊途而同歸，誠、僞毫釐而千里。若曰「不思不勉是誠，纔涉了思勉便是僞」，即湯武與五伯亦何以異，而堯舜且爲絶德矣。吾不敢以爲然也。

「溫故而知新」，這「溫」字下得最好。「必有事焉而勿正心，勿忘勿助長」，極盡此一字形容。忘則冷，助則熱，惟溫乃是一團生氣，千紅萬紫，都向這裏醖釀出來，所謂新也。中庸「尊德性而道問學」條，始之以致廣大、盡精微、極高明、道中庸，終之以敦厚崇禮，可謂十分周整。却於中間點入此一語，更覺活潑潑地。

「易曰『履霜堅冰至』，蓋言順也。」注謂「順當作慎」，恐不必。順與逆對，人心原來只是一箇善，動於欲而後有不善，非其初也。於是或忸怩而不自得，或畏怯而不自堅，四顧躊躇，是非利害交戰而不決，所謂逆也。已而沿習既久，見謂固然，向之忸怩者且坦然而安之矣，向之畏怯者且悍然而當之矣。是非在前而不問，利害在後而不覺，所謂順也。是故方其逆也，欲爲理梗，秉彝之良猶在也，因而杜之，於勢爲易，是可得而挽回也。比其順也，通體是欲，無復有爲之梗者矣。强而遏之，於勢爲難，是不可得而挽回也。故曰「積善之家必有餘慶，積不善之家必有餘殃。臣弑其君，子弑其父，非一朝一夕之故，其所由來者漸矣，由辨之不早辨也。」嗚呼！順生於積，積生於漸。此其際，惟己獨知之而人莫之知也。究而言之，且恐非惟人莫之知，而己亦莫之知也。然則所辨何物？云何能辨？聖人特揭出「早」之一字，其指深矣。若曰：履霜知冰，便落遲局，竟何補於事哉！

論語記：「陽貨欲見孔子，孔子不見，歸孔子豚。孔子時其亡而往拜之。」孟子則以爲「瞰其亡」。味「時」字渾然天機，真是孔子氣象；下箇「瞰」字，便覺有痕迹，亦便是孟子氣象也。

夏間承黄梅雨水儲之，久而不壞，陽在上也。冬間井水濁溫，取以釀酒，亦久而不壞，陽在下也。陽之貴也如是。

「微子去之，箕子爲之奴，比干諫而死」，總只一副心腸，却各自分頭去做。若曰：不得於此，或得於彼；不得於彼，或得於此。凡皆多方設法，委委曲曲，爲感悟獨夫計也。可見聖人精神，真是無處不到。如此而卒不悛，方可言命。

讀戰國策，眉頭鼻角，一俯一仰，無非機械，令人大慚。

「由仁義行」的「由」字，即春秋傳「政由寧氏」的「由」字。蓋仁義爲主，而我從之也；行仁義，我爲主而仁義從之也。孟子自孔子而下，贊舜不一而足，此二語，與所謂「善與人同」，所謂「不得乎親不可以爲人，不順乎親不可以爲子」，所謂「象憂亦憂，象喜亦喜」，所謂「與鹿豕遊，與木石居」，所謂「若將終身」、「若固有之」，種種皆入微之論。於此，亦可想見孟子到處矣。

麻明之問觀人之法於五臺陸公。公曰：「吾嘗試之矣。凡初間説是人負氣，又或曰是執拗，或曰是迂闊，徐而按其後，往往能自樹立，有所成就。凡初間説是人有養，又或曰是最善處事，或曰是最識時務，徐而按其後，往往與俗浮沉，竟至墮落。以此求之，觀人之法思過半矣。此即孔子進狂狷而詘鄉愿之説。乃知聖人所言，字字靈驗。」予初不識公，及壬辰將北上，適公謝政歸，予往謁之。從容問曰：「明春内計，先生有以見教乎？」公曰：「只要處得四衙門停當，世道污隆，人心向背，都在這裏。」予退而歎曰：「可謂要言不煩！」四衙門，蓋翰林、銓部、科、道云。

小心齋劄記卷四　丁酉

河圖洛書⚬⚬⚬爲太極，見萬物皆備之象焉。太極圖〇爲太極，見爲物不貳之象焉。周元公太極圖説，已是將造化之妙發揮出來。及讀通書，又有所謂幾者，蓋就動静之間，指出一點微妙處而言也。又有所謂神者，蓋就動静之中，指出一點靈妙處而言也。此理儘無窮，儘堪玩索。

性，太極也。諸子百家非不各有所得，而皆陷於一偏，只緣認陰陽五行爲家當。

講學自孔子始。謂之講，便容易落在口耳一邊，故先行後言、慎言敏行之訓，恒惓惓致意焉。至其自道，則曰「文莫吾猶人也，躬行君子，吾未之有得」，又曰「所求乎子以事父未能也，所求乎臣以事君未能也，所求乎弟以事兄未能也，所求乎朋友先施之未能也」，又曰「默而識之，學而不厭，誨人不倦，何有於我」，又曰「出則事公卿，入則事父兄，喪事不敢不勉，不爲酒困，何有於我」，又曰「予欲無言」。嗚呼！深哉！

聖人之言，高如天，平如地，其間種種具備，處處圓通。是故，見以爲主靜，無往而非主靜也者；見以爲主敬，無往而非主敬也者；見以爲窮理，無往而非窮理也者；見以爲致良知，無往而非致良知也者；見以爲修身爲本，無往而非修身爲本也者。只看人如何體取。若執一説以格諸説，則固而已矣。

孔子曰「述而不作」，又曰「蓋有不知而作之者，我無是也」，孟子曰「人之患，在好爲人師」，直是點著千古學人膏肓之病。

張子曰：「爲天地立心，爲生民立命，爲往聖繼絶學，爲萬世開太平」。試看此語，是何等氣魄！朱子曰：「吾儕講學，欲上不得罪於聖賢，中不誤一己，下不爲害於將來。」試看此語，是何等心腸！

許敬菴先生曰：「今日之學，無有言論可以標揭，惟是一念純誠，力行不懈，則此道自明。」又曰：「近時朋友各揭宗指，以爲獨得聖學之秘。由乎遠觀之，總與古人訓語等耳。」有明道淑人之志者，願三復於斯言。

或問：「克己、由己兩『己』字，是同是異？」曰：「克己之己，對禮而言也；由己之己，對人而言也。本文原自明白。『非禮勿視，非禮勿聽，非禮勿言，非禮勿動』，克己也。『回雖不敏，請事斯語』，由己也。亦不須添一字注脚矣。」陽明先生之揭良知，本欲人掃除見解，務求自得。而習其説者，類喜爲新奇，向見解中作功課，夫豈惟孤負良知，實乃孤負陽明也。所謂一法設一弊生，蓋立教之難如此。

歲丙戌，余晤孟我疆先生於都下。我疆問曰：「唐仁卿何如人也？」余曰：「君子也。」我疆曰：「何以排王文成之甚？」余曰：「朱子以象山爲告子，文成以朱子爲楊墨，皆甚辭也，何但仁卿！」已而過仁卿述之，仁卿曰：「固也。足下不見世之談良知者乎？如鬼如蜮，還得爲文成諱否？」余曰：「大學言致知，文成恐人認識爲知，便走入支離去，故就中間點出一『良』字。孟子言良知，文成恐人將這箇知作光景玩弄，便走入玄虛去，故就上面點出一『致』字。其意最爲精密！至於如鬼如蜮，正良知之賊也，奈何歸罪於良知？獨其揭無善無惡四字爲性宗，愚不能釋然耳。」因爲細析其所以。仁卿曰：「善！假令早聞足下之言，向者論從祀一疏，尚合有商量也。」

「至善者，性也。性原無一毫之惡，故曰至善。」陽明先生此説極平正，不知晚來何故，却主無善無惡。

所謂無善無惡，離有而無耶？即有而無耶？離有而無，於善且薄之而不屑矣，何等超卓！即有而無，於惡且任之而不礙矣，何等脱灑！是故一則可以擡高地步，爲談玄説妙者樹標榜；一則可以放鬆地步，爲恣情肆欲者決隄防。宜乎君子小人咸樂其便，而相與靡然趨之也！

無聲無臭，吾儒之所謂空也；無善無惡，二氏之所謂空也。名似而實遠矣。是故諱言空者，以似廢真；混言空者，以似亂真。予皆不敢知也。

張陽和太史孜孜好善，自其天性。其於世故，又儘留心。假令得政，當有可觀。孟叔龍德宇溫然，而其中甚介。罷官歸家，中丞仁軒張公饋之一程，亦謝不受，最後書問都絶。宦其地者，欲蹤跡[一]之而不得也。

孟叔龍與孟我疆符卿，以道義相切磋。官都下，聯舍而寓，自公之暇，輒徒步過從，飲食起居，悉共焉。時人稱爲二孟。陽和太史作二孟歌記之。

[一] 宗祠本作「迹」。

許司馬敬庵曰：「過張秋訪孟我疆之廬，盈丈之地，瓦屋數椽，其旁有茅舍倍之。此風味，大江以南所未有也。」

李司馬于田曰：「南欒魏懋權，當其爲諸生，便居然有包宇宙、籠古今、亭亭獨立之致。比成進士，於時張江陵秉政且十年，威權震世，其勢如火燎原，觸之者糜爛無餘。士大夫最下者，伺候惟謹，承其餘唾以爲光；其中人，則望風茅靡，無所短長；即號爲賢智，亦醇謹自修，保己無過而已，無復敢訟言其非者。公獨恣言極切，每稠人廣坐中，肆口評議，曰『某事不宜興革，徒令天下多事耳』，曰『某也賢，胡以得過』，曰『某也不肖，胡以驟得某官』，曰『夫夫也有相才，無相量』。聞者縮頸吐舌，稍稍引去。久之，一座盡空，公徐徐步出，索馬乘之，去揚揚如也。」魏中丞懋忠曰：「説者以予弟早攻文章，中更尚氣節，不享長年，率引屈左徒賈太傅爲況。今離騷諸篇與過秦論治安策固在也，弟所構製安可盡同，第其意氣頗類魯仲連耳。蓋暴秦之威震於時，仲連以一布衣對新垣衍，力伸大義於天下，其志竟不屈秦下。江陵之權亦震於時，弟以一博士上諸名公書，力伸正氣於天下，其志肯屈江陵下哉？弟嘗有詩曰『從今蹈海惟吾意，金馬焉能更陸沉』，又曰

『一箭功成東蹈海，乾坤合讓魯連狂』，殆自道也。」余惟兩君子可謂善言懋權矣。而獨余所窺於懋權，尚自有在。記得乙酉之歲，余爲文哭懋權曰：「足下上必欲堯舜其君，下必欲堯舜其民。不爾，不以慊於志，故常憂。足下信心而言，信心而行，一切毁譽利害不以介於胸中，故常樂。」孟叔龍聞而韙之，以爲此懋權實録也。

有語魏懋權曰：「子信可謂直道而行矣。雖然，吾懼其窒也，盍少婉焉？」懋權謝曰：「今天下不缺此一字，何必我！」已，述而告余，余曰：「今天下不缺此一字，吾儕却缺此一字。」懋權躍然起曰：「善！」

劉國徵曰：「有人於此，自負甚偉。及叩以時事是非，又往往鶻突，何也？」予曰：「人須是一箇真。是非之心人皆有之，何緣迷謬？只以不真之故，不真便有夾帶。是非太明，怕有通不去、合不來的時節，所以須要含糊。少間，又於是中求非，非中求是。久之，且以是爲非，以非爲是，無所不至矣。總總只爲自家開箇活路。」

魏懋忠以言事謫，李道甫上疏救之，亦謫。劉國徵聞之，自閩貽予書曰：「言官有人，散曹有人，可令銓衡無人乎？」其忠告如此。於是懋忠從許州判遷南銓部，道甫從東昌理遷南儀部矣。檢國徵發書之日，恰是越峰孫公爲兩君子啟事之日也。

懋權廣額豐頤，眉目如刻畫，遇事英氣勃發，而居平無疾言遽色，有犯不校。國徵白皙修幹，風神疏朗，棱棱謖謖，不可以一毫非義干，而中實寬然長者。於法，皆宜壽，乃懋權僅得年四十二，國徵僅得年四十，竟不知何以也！

但有薄視名節之心，其流必且至於卑瑣而無撿〔二〕。然而使人得以名節擬我，則亦未離乎血氣也。但有薄視事功之心，其流必且至於孤高而無實。然而使人得以事功擬我，則亦未離乎才技也。是故君子知道之爲貴。

程伯子曰「東漢人才一變可以至道」，此語極公。

天下有一分可爲，亦不肯放手，此聖賢事也。天下有一分不可爲，亦不肯犯手，此豪傑事也。

人須是無欲，方得自由自在。只些子未淨，凡事便不免左顧右盼，婉轉周旋，惟恐妨礙了這些子。到底這些子未必能如吾意，那許多周旋處都枉了。

〔二〕 宗祠本作「檢」。

憲少時從原洛張師游，師授書不拘拘傳註，直據其中之所自得者爲説，最善開發人。憲聽之，輒津津有會。一日講論語「或問禘之説」一章，憲請曰：「惜也，或人欠却一問。」師曰：「何也？」憲對曰：「假令或人於此再問曰：『夫子不知禘之説，何以知知其説者之於天下也，其如示諸斯乎？』夫子必自有説。」師喜曰：「作如是觀，方可讀論語。」又一日講孟子「養心莫善於寡欲」章，師曰：「子意云何？」憲對曰：「竊以爲，寡欲莫善於養心。」師曰：「試舉看。」憲對曰：「心是耳目四肢的主人。主人明，不受役於色矣；主人聰，不受役於聲矣。若但向聲色上驅除，是主與奴競，孔子所謂『仁則吾不知也』。」師喜曰：「能作如是觀，方可讀孟子。」

一日，有客言劍浦李公教其子讀四書，唯讀白文。憲聞之，甚以爲得，馳告張師。師不答，憲疑焉。師曰：「子知之乎？朱子絶世聰明，却退然自處於章句，一字一訓若村學究然，蓋欲天下後世三尺之童，亦都曉得聖賢話頭，做箇好人。此天地之心也，吾輩如何這等説？」憲曰：「恐畢竟非上智事。」師曰：「昔程叔子座下有學者來問六十四卦，旁一人曰：『皆不須得，只乾坤足矣。』叔子曰：『要去誰分上使？』其人曰：『聖人分上使。』叔子曰：『聖人分上一字也不須得。』」已而見李公，舉師語質之，公憮然嘆服。

憲問張師曰：「中庸『尊德性而道問學』，朱子解作存心致知，不識是子思本旨否？」師曰：「此朱子就自家得力處説。存心即主敬，致知即窮理。神而明之，書之所謂惟精惟一，易之所謂敬直義方，論語之所謂博文約禮，大學之所謂格致誠正，孟子之所謂知言養氣，都只一樣。若但在字句上吹求，便是葛藤。」

朱子祖周程，宗張邵，師延平，淵源最確。所交張廣漢呂金華，並極一時之選。觀其往來參證，不爲苟同，不爲苟異，其得諸兩先生者良不少矣。獨於象山先生似乎交一臂而失之，以致紛紛之疑，迄今未已，甚者至詆其好勝。愚不能不爲之扼腕三歎。

管東溟曰：「朱一變至於程，程一變至於周，周一變至於孔。」又曰：「規欲圓，即以仲尼之圓圓宋儒之方；矩欲方，即以仲尼之方方近儒之圓。」又曰：「窮理不厭旁參，修道必遵孔轍。」皆正論也。過此以往，以俟君子。

唐荆川先生曰：「易六十四卦，卦有吉凶。孔子作大象，俱就吉一邊説，蓋示人直入聖道也。」李見羅先生曰：「孔子贊易，只在『易有太極』一句。」予竊以爲知言。

予讀易，一喜玩六十四卦卦象，一喜玩六十四卦卦名，一喜玩六十四卦卦序，箇中意義，隱映流轉，層累無窮。平旦清明，燕居調適，諸緣盡遣，冥心獨會，俄而神情偕來，悠然投合，誠不知手之舞之、足之蹈之也。

讀「禮樂征伐」一章，便識得春秋一經全局。讀「誰毀誰譽」一章，便識得春秋一經斷案。

唐荊川先生所著春秋論甚佳。其説本孔子「禮樂征伐」一章來，却似只道得一半，何也？所謂自諸侯出，自大夫出，自陪臣出，凡以責其下也，探本尋源，畢竟又自上之無道始。故曰：「天下有道則政不在大夫，天下有道則庶人不議」。言之不足而再言之，隱然寓無限感慨，凡以諷其上也。責其下，故其辭直而顯；諷其上，故其辭婉而微，聖人之情見矣。春秋論曰：「春秋王道也，禮樂征伐出於天子，無或有一人之敢横行，作好惡，作威福，是王道也。」余欲竊取孔子之言，補之曰：「君君臣臣，父父子子，王道也。」如此看，方成一部春秋。然則孟子何以但言春秋成而亂臣賊子懼也？曰：自周之臣子而觀一十二王，皆君父也。自周之先君而觀一十二王，亦臣子也。春秋托始於平王，正以其忘君父之讎，爲亂賊首，而治諸侯，治大夫，治陪臣，則以治其從也。可謂深切著明矣。聖賢鞭策人處，往往有危辭。子貢之非計然猗頓之徒明矣，所謂特此心未忘耳，而科之曰「貨殖」，此危辭也。直欲他認做天來罪過，庶幾猛然割舍，就咽喉之下拚此一刀，不復少有係吝，留下種子，將來乘間竊發，且至於莫可收拾耳。他如子路好勇，便以「君子有勇而無義爲亂，小人有勇而無義爲盜」警之，使門人爲臣，便以行詐斥之。又如孟子以樂正子之從王驩爲徒餔啜，以人之受爾汝，士之未可以言而言，可以言而不言，爲穿窬，皆此意也。

又曰：貨殖二字，粗看來便粗，細看來便細。粗看來，便如計然猗頓之徒；細看來，必如舜之有天下而不與，禹之菲飲食、惡衣服、卑宮室，湯之非富天下，尹之弗顧弗視，孔之飯蔬飲水，顏之一簞一瓢，方是徹底澄清，跳得出這二字也。

彭更疑傳食，萬章疑受饋，所見極正。孟子評桐宫之事而曰：「有伊尹之志則可，無伊尹之志則篡」。愚於此，亦曰：「有孟子之志則可，無孟子之志則盜而已矣。」

異教家往往好言父母未生前，又好言天地未生前，却不如中庸只説箇喜怒哀樂之未發，更爲親切。於此體貼有箇消息，即所謂父母未生前、天地未生前者，都在其中矣。「天何言哉」，是喜怒哀樂未發氣象。「四時行焉，百物生焉，天何言哉」，到發處依舊是未發氣象也。故曰：「體用一原，顯微無間。」

均之爲君子也，而以廉潔見者其取忤猶少，以正直見者其取忤常多，何也？廉潔惟務守己之是，正直兼欲匡人之非也。均之爲正直也，而以之取人主之忤者，其獲罪猶自可解；以之取權貴之忤者，其獲罪常至不測，何也？人主惟惡人之咈己，權貴兼慮人之傾己也。

文帝不能富鄧通，武帝不能貴李廣，其命之謂乎？孟宗泣竹得筍，王祥臥冰得魚，其性之謂乎？

「人不知而不慍」，不慍而已。「遯世不見知而不悔」，不悔而已。老子曰「知我者希，則我貴」，便似多了一層意思。

小心齋劄記卷五　戊戌

有神聖之人，有神奇之人，有神奸之人。何謂神聖？伏羲神農黄帝堯舜文王周公孔子是也。何謂神奇？佛老是也。何謂神奸？鄉愿是也。

吾聖人曰「太極生兩儀，兩儀生四象」，佛氏曰「迷妄有虚空，依空立世界。想澄成國土，知覺乃衆生」。吾聖人曰「寂然不動，感而遂通天下之故」，佛氏曰「覺海性澄圓，圓澄覺元妙。元明照生所，所立照性亡」。於此求之，儒釋幾微異同之辨，可得而識矣。

一日游觀音寺，見男女載於道，往過來續，繩繩不已。余謂季時曰：「即此可以辨儒佛已。」季時曰：「何？」曰：「凡所以爲此一片禍福心耳，未見有爲禍福而求諸吾聖人者也。佛氏何嘗邀之而使來，吾聖人何嘗拒之而使去；佛氏何嘗專言禍福，吾聖人何嘗諱言禍福。就中體勘，其間必有一段真精神迥然不同處。」曰：「此特愚夫愚婦之所爲耳，有識者必不其然。」曰：「感至於愚夫愚婦而後其爲感也真，應至於愚夫愚婦而後其爲應也真。真之爲言也，純乎天而人不與焉者也。研究到此，一絲莫遁矣。」

孔子終日不食，終夜不寢，顏子仰鑽瞻忽，這其間一副精神正與釋迦雪山苦行時不差些子。若於此没箇回頭，不知走到那裏去了。惟其一則悟思不如學，一則得夫子循循善誘，轉入博文約禮中來，所以卒成大聖大賢，爲萬世斯文之主也。

有憂世者，有憤世者，有維世者，有矯世者，有超世者，有玩世者，有混世者，有趨世者，有遯世者，有忘世者，其辨只在幾微之間。

季時嘗欲建議，請升王文中周濂溪程明道朱晦庵配享，不果。已而，忽謂予曰：「是惟濂溪晦庵兩先生乎？」此語既非蹈襲，又非杜撰，必有説在。

孟子論士，列鄉國天下爲三品。愚謂議從祀者，亦應仿此。道足以冠一鄉則祀於一鄉之學宫可也，道足以冠一國則祀於一國之學宫可也，道足以冠天下則祀於天下之學宫可也。一日，偶與管東溟及之，東溟以爲然。

或疑程張氣質之説未透性善。愚竊以爲，氣質之説正顯性善耳。夫何故？人之生也，昏明强弱，千萬不齊。自未有氣質之説，人且以是不齊者爲性，概曰性善，猶在離合之間。自既有氣質之説，然後知其所以不齊者，氣質也，非性也，即欲諉不善於性不可得已。故曰：氣質之説，正顯性善。

或問：「不學而能良能也，學而能非良矣。不慮而知良知也，慮而知非良矣。吾儕須從不學不慮起手，方是入聖真路頭。若去學且慮，便成胡越也。如何？」曰：「此處須要善看。語有之：『學而不思則罔，思而不學則殆』。委如所言，孔子非歟？」曰：「然則孟子何以云爾？」曰：「試檢孟子七篇之中，原自説得明白，何必擒定不學不慮四字？聊舉其略，今人乍見孺子入井，皆有怵惕惻隱之心，仁也。是不學而能，不慮而知者也，豈不在在圓滿？孟子却又與他拈箇『充』字出來，謂之充即不免學且慮矣。嘑爾而與之，行道之人弗受；蹴爾而與之，乞人不屑，義也。是不學而能、不慮而知者也，豈不在在分曉？孟子却又與他拈箇『辨』字出來，謂之辨即不免學且慮矣。若然者，孰爲良能，孰非良能耶？孰爲良知，孰非良知耶？」曰：「然則良能有不能乎，而待學乎？良知有不知乎，而待慮乎？何其説之自相矛盾也。」曰：「非也。良能不學而能，良知不慮而知，『天命之謂性』也。『孩提之童無不知愛其親，及其長也，無不知敬其兄』，『率性之謂道』

也。『學而不思則罔，思而不學則殆』，『修道之謂教』也。夫如是，何矛盾之有？且君之言曰『從不學不慮起手』，試味『起手』二字，莫便是學否？莫便是慮否？還以質諸不學不慮四字，莫便自相矛盾否？夫如是，又何疑於孟子哉？」

或問：「孟子『人皆可以爲堯舜』一語，最能撥動人。又有不學不慮之說，何也？誠不學不慮，又何爲焉，得無悖歟？敢請。」曰：「兩下各有箇意思，須各就本文推詳，不須東牽西引。孟子不云乎，『自暴者不可與有言也，自棄者不可與有爲也』，又曰『人之有是四端也，猶其有是四體也。有是四端而自謂不能者，自賊者也；謂其君不能者，賊其君者也』。蓋當戰國時，道術陵夷，人心陷溺，其庸庸者無論已，即其自負爲聰明才辨者，亦惟是相與日夜馳騖於功名富貴之中，曾不省自家性命爲何物。語及仁義，或見以爲奇特，或見以爲玄妙，或見以爲高遠，或見以爲繁難，逡巡四顧，且疑且憚，莫敢承當。甚可怪也！於是孟子特爲他標箇良能良知出來，若曰：你看孩提之童，他何嘗曉得所謂學、所謂慮也，却没一箇不曉得愛親；及其長也，他亦何嘗曉得所謂學、所謂慮也，却没一箇不曉得敬兄。這愛親敬兄是甚麽？即你向來以爲極奇特、極玄妙、極高遠、極繁難、且疑且憚、莫敢承當之仁義也。却何等平常！何等實落！何等卑近！何等易簡！你將謂學也不能，原來不學自能；你將謂慮也不知，原來不慮自知。於此轉箇念頭，必有爲之歡然而踴躍者矣。既不學自能，尚安得曰學且不能？既不慮自知，尚安得曰慮且不知？於此又轉箇念頭，必有爲之翻然而振起者矣。夫如是，縱欲自暴自棄自賊，如之何其自暴自棄自賊？此以歆人之必爲堯舜也。這是一箇意思。」曰：「然則言必稱堯舜，宜也，舍而取證於孩提，何也？」曰：「堯舜是兩箇大聖人，人聞了他的名便驚起來。即去勸他做堯做舜，他且笑以爲迂，置而不理。即去嗔他不如堯不如舜，他且詫以爲苛，受而不憪。於是孟子又特爲標箇孩提出來，若曰：你莫認得聖人太高，自己太低，就如世間孩提，那一箇不是堯舜？堯舜愛親，孩提也曉得愛親；堯舜敬兄，孩提也曉得敬兄。堯舜之愛親敬兄，不學而能，不慮而知，孩提之愛親敬兄，也不學而能，不慮而知。你還於此分別得孰爲聖人，孰爲凡人否？我說你原是箇堯舜，你定推讓；我說你原是箇孩提，你還推讓否？我將你與堯舜較量，你便甘心認箇不如；我將你與孩提較量，你還肯認箇不如否？夫如是，縱欲自暴自棄自賊，如之何其自暴自棄自賊？此以激人之必爲堯舜也，這又是一箇意思。乃知『人皆可以爲堯舜』一語，看箇『爲』字委是表功夫，看箇『可』字却是表本體。不學不慮之說，正代『可』字發明，代『爲』字從臾。總之，多方設法提掇他上這條路耳。有何悖乎？」

或問：「世之說者，何紛紛也！有以學格不學，有以不學格學，有以慮格不慮，有以不慮格慮。吾請得而折衷之。不學而能，良能也，學所以致其良能也；不慮而知，良知也，慮所以致其良知也。故論本體，即凡人亦不學不慮；論功夫，即聖人亦學且慮。子以爲何如？」曰：「是則然矣，而未盡也。程伯子曰：『聖賢論天德，謂是天然完全自足之物。若無所污壞，即當直而行之；小有污壞，即當敬以治之。合修治而修治，義也；不消修治而不修治，亦義也。』却說得恰好。若執定一邊，『孩提之童無不知愛其親也，及其長也無不知敬其兄也』，他何嘗學？何嘗慮？那時節，他的良能良知，亦何嘗不致？」

程伊川先生曰：「泰伯三以天下讓者，立文王，則道被天下，故泰伯以天下之故而讓之也，不必革命。使紂賢，文王爲三公矣。」此解最精。泰伯爲太王長子，一旦偕仲雍去而之荆蠻，這事最做得奇。當時人見了，必定大家去推求箇中緣故，亦安有不知？即註所謂「季曆生子昌有聖德，太王欲傳位季曆以及昌」，亦是當時流傳下來的話。何以云「民無得而稱」？只是處這話頭，一似在太王身上起念，一似在王季身上起念。在太王身上起念，是以父子讓也；在王季身上起念，是以兄弟讓也。這也是十分好了，乃泰伯更有大焉，却是在天下上起念，以天下讓也。以父子讓，以兄弟讓，是將文王做一家公共的文王。就太王王季看來，泰伯真是至公而無私，就天下看來，猶未離乎私也。以天下讓，是將文王做天下公共的文王。就天下看來，猶曰太王之聖孫、王季之聖子；就泰伯看來，即太王王季不得而私之矣。這是何等心腸！何等胸次！勘到此處，非惟尋常人不能知，雖賢人君子亦未必能知也。故夫子特表而出之，以爲民無得而稱。至伊川直將「天下」二字點破，千載而下有知己矣。

「西銘理一而分殊」，伊川此一語，乃因龜山兼愛之疑而發。若執此説西銘，却又泥了。

「知謂識其事之當然，覺謂悟其理之所以然。」朱子生平極不喜人説箇「悟」字，蓋有懲於禪門虛頭漢耳。到這裏，又未嘗諱言悟也。

人知伯夷是第一冷面的，却不知是第一熱心的，何也？他要人箇箇做聖賢方歡喜。

朱子釋「心」字曰：「心者，人之神明，所以具衆理而應萬事者也。」釋「知」字曰：「知者，心之神明，所以妙衆理而宰萬物者也。」最爲親切！若以意念爲心，照察爲知，未免落第二義矣。

或問心。曰：「莫辨於書矣。『人心惟危，道心惟微。』」曰：「何言乎人心、道心？」曰：「莫辨於易矣。乾，道心也，以其微，故曰『見群龍無首，吉』；坤，人心也，以其危，故曰『利永貞』。」

心，活物也，而道心人心辨焉。道心有主，人心無主。有主而活，其活也天下之至神也，是謂衆妙之門。無主而活，其活也天下之至險也，是謂衆禍之門。

從道心發來，方是至中至正，至純至粹，至神至妙，方是「寂然不動」「感而遂通」，方是「肫肫」「淵淵」「浩浩」，方是「不識不知」，方是「無聲無臭」，方是「人生而靜以上不容説」。若從人心發來，無論出於惡者，乖刺謬戾，直與道心判爲兩截，即其出於善者，或是偶中，或是硬做，尚與道心隔却幾層，不可不察也。朱子答陳同甫曰：「區區鄙見，常竊以爲亙古亙今，只是一體。順之者成，逆之者敗，固非古之聖賢所能獨然，而後世之所謂英雄豪傑者，亦未有能舍此理而得有所建立成就者也。但古之聖賢從本根上，便有惟精惟一功夫，所以能執其中，徹頭徹尾，無不盡善。後來所謂英雄，則未嘗有此功夫，但在利欲場中頭出頭没。其資美者乃能有所暗合，而隨其分數之多少，以有所立。然其或中或否，不能盡善則一而已。來諭所謂三代做得盡，漢唐做得不盡者，正謂此也。然但論其盡與不盡，而不論其所以盡與不盡，却將聖人事業去就利欲場中比並較量，見有彷彿相似，便謂聖人樣子不過如此，則所謂毫釐之差、千里之謬者，其在此矣。」愚按，此書剖析得道心、人心最分明，宜玩宜玩！

或問：「世之狹薄程朱甚矣，以爲是拘儒腐儒云爾，何也？」曰：「吾始者亦頗訝之，及讀莊子而後釋然也。試舉其略。一曰：『孔子西藏書於周室，往見老聃，不許。於是翻十二經以説。老聃中其説曰：太謾，願聞其要。孔子曰：要在仁義。老聃曰：仁義人之性耶？曰：然。曰：何謂仁義？曰：中心物愷，兼愛無私，此仁義之情也。老聃曰：夫兼愛不亦迂乎？無私焉乃私也。夫子若欲使天下無失其牧乎？則天下固有常矣，日月固有明矣，星辰固有列矣，禽獸固有群矣，樹木固有立矣。夫子亦放德而行，循道而趍，已至矣，又何偈偈乎揭仁義，若擊鼓而求亡子焉！意，夫子亂人之性也。』一曰：『孔子謂老聃曰：丘治詩書禮樂易春秋，自以爲久矣，孰知其故矣，以奸者七十二君，論先王之道而明周召之跡，一君無所鉤用。甚矣夫！人之難説也？道之難明耶？老子曰：幸矣，子之不遇治世之君也！夫六經，先王之陳迹也，豈其所以迹哉？今子之所言猶迹也。夫迹，履之所出，而迹豈履哉？』一曰：『子貢過漢陰，見一丈人方將爲圃畦，鑿隧入而井，抱甕而出灌，搰搰然用力甚多，而見功寡。子貢曰：有械於此，一日浸百畦，夫子不欲乎？爲圃者忿然作色而笑曰：吾聞之師，有機械者必有機事，有機事者必有機心。機心存於胸中，則純白不備，吾羞而不爲也。有間，曰：子奚爲者耶？曰：孔丘之徒也。曰：子非夫博學以擬聖，於于以蓋衆，獨弦哀歌以賣名聲於天下者乎？汝方將忘汝神氣，墮汝形骸，而身之不能治，而何暇治天下乎？子往矣，無乏吾事。』一曰：『魯哀公問於顏闔曰：吾以仲尼爲貞幹，國其有瘳乎？曰：殆哉圾乎！仲尼方且飾羽爲畫，從事華辭，以支爲旨，忍性以視民，而不知不信，受乎心，宰乎神，夫何足以上民？彼宜汝與？予頤與？誤而可矣。今使民離實學僞，非所以視民也。爲後世慮，不若休之。』由此觀之，正與世之非刺程朱不殊耳。然則孔子且不免以拘儒腐儒受訶也，又何惑於他！」曰：「吾聞莊子憤悱之雄也，彼見夫儒者之宗孔子，率流而爲拘爲腐，有激乎其言之，非情語也。」曰：「是則是，却只道着[一]一半。」

孔子「不知老之將至」，夫何以不知也？孟子「殀壽不貳」，夫何以不貳也？吾儕要透朝聞夕可消息，須於此究心。

「默而識之」，言悟也；「學而不厭」，言修也；「誨人不倦」，言證也。

淳公少好獵，既受學於元公，自謂已無此好。元公曰：「何言之易也！但此心潛隱未發，一日萌動復如前矣。」後十二年暮歸，見獵者不覺有喜心，乃知果未。非是功夫十分入微，何能便勘得到此！吾是以知元公之不可及也。

或問：「許魯齋吳草廬之仕元，何如？」曰：「在魯齋則可，在草廬則不可。」曰：「得非以魯齋生於元地，而草廬故宋人，嘗試鄉較，舉進士歟？」曰：「固是，亦尚有說。

[一] 宗祠本作「著」。

考魯齋臨終謂其子曰：『我生平爲虛名所累，不能辭官。死後，慎勿請謚，但書許某之墓四字，令子孫識其處足矣。』此分明表仕元之非得已，又分明認仕元爲非，愧恨之意溢於言表，絶不一毫文飾也。乃草廬居之不疑，以爲固然矣。故魯齋所自以爲不可者，乃吾之所謂可；而草廬所自以爲可者，乃吾之所謂不可。蓋自其心論之也。」

或問：「微生畝以孔子爲佞，孔子曰：『非敢爲佞也，疾固也。』語極遜順，而又不爲屈。或人以孔子爲不知禮，孔子曰：『是禮也。』語極直截，而又不爲峻。至王驩以孟子爲簡，而孟子折之，幾於聲色俱厲矣。此程子所以謂其有些英氣也。」曰：「然則宜何如？」曰：「夫『禮，朝廷不歷位而相與言，不踰階而相揖也』，是恰好語，更不須贅一字。」曰：「此意固好，只是君子也要識時。試看戰國時，還少得孟子這一段英氣否？無論孟子，即如孔子，豈不渾然太和元氣？乃其於季氏八佾則曰『是可忍，孰不可忍』，於三家雍徹則曰『奚取三家之堂』，於臧文仲則曰『竊位』，於臧武仲則曰『要君』，於子西則曰『彼哉彼哉！於今之從政，則曰斗筲之人』，何凜冽爾爾！莫亦有些英氣否？竊謂程子之説固自有見，亦須善看，不得執著。」

溫公之釋格物曰「扞禦外物」，蓋本論語克己之義來，特覺手勢太重耳。乃朱子駁之曰：「是必閉口枵腹，然後可以得飲食之正；絶滅種類，然後可以全夫婦之別也。」朱子之釋格物曰「即物窮理」，蓋本中庸擇善之義來，特覺局面稍闊耳。乃陽明駁之曰：「是求孝之理於親，求忠之理於君也，幾於不成話矣。」吾不能爲兩先生解也。

原洛張師云：「『見善如不及，見不善如探湯。吾見其人矣，吾聞其語矣』，『言顧行，行顧言』者也。『隱居以求其志，行義以達其道，吾聞其語矣，未見其人也』，但能言之，不能行之者也。」看得甚好！

益以損上益下爲義，乃益之上六却主於損下。損以損下益上爲義，乃損之上六却主於益下。何也？此有二説。就一卦而觀，上者卦之終也，終則極，極則變，益變必損，損變必益。君子察此，可以慎厥終矣。合兩卦而觀，益之上即損之初也，故其究亦歸於損；損之上即益之初也，故其究亦歸於益。君子察此，可以慎厥初矣。

或人以孔子入太廟每事問爲不知禮，孔子以爲是禮。或人只論知不知，孔子只論是不是。曰知，則有能知者，有所知者，我與禮猶若二然。曰是，即我即禮，即禮即我，連這

「知」字也没處放著。

或問：「知行是一是二？以爲二者，朱子也；以爲一者，陽明也。孰當？」曰：「朱子云：『論先後，知爲先；論輕重，行爲重。』陽明云：『知者行之始，行者知之成。』君姑無論知行是一是二，試看兩先生之説是一是二？」

知行之説，大易揭其原，中庸悉其委，試取而參之。或分言，或合言，或單言，或對言，或互言，無所不可，正不須執一而廢百也。

往歲唐仁卿過訪涇上，語次，痛疾心學之説。予曰：「墨子言仁而賊仁，仁無罪也；楊子言義而賊義，義無罪也；世儒言心而賊心，心無罪也。願相與再商焉。」仁卿曰：「楊墨之於仁義，只在跡上模擬，其得其失人皆見之。而今一切托之於心，這是無形無影的，何處究詰他？以此相提而論，二者之流害孰大孰小，相去遠矣。老莊惡言仁義，吾安得不惡言心乎？吾以救世也。」予目季時云何，季時曰：「仁卿一片苦心，吾黨不可不知，却須求一究竟。」予曰：「只提出性字作主，這心便有管束。孔子自言『從心所欲不踰矩』，矩即性也。看來當是時，已有播弄靈明的了，所以特爲立箇標準。」季時曰：「性字大，矩字嚴，尤見聖人用意之密。」予曰：「言心者作如是解，其亦何疾之有？」仁卿乃首肯。

佛法至釋迦一變，蓋迦葉以上有人倫，釋迦去人倫矣。至達磨再變，蓋釋迦之教圓，達磨之教主頓而客漸矣。至五宗三變，蓋黄梅以前猶有含蓄，黄梅以後法席雲興，機鋒百出，傾囊倒篋，不留一錢看矣。此雲門輩所以無可奈何，而有「一拳打殺，喂却狗子」之說也。或曰：「何爲爾爾？」曰：「他們畢竟呈出箇伎倆來，便不免落窠巢。任是千般播弄，會須有盡。」

小心齋劄記卷六　己亥

河圖洛書，太極居中；太極圖，太極居上。太極無對，中無對，上無對。這兩處恰好放著太極，真是天造地設，如何容得一毫人力安排！

世人於「性善」二字，往往信不過。蓋謂自堯舜至於塗人，其間等級之殊，倍蓰無算，若箇箇是善，安得懸絶如是之甚？予竊以爲，爲此説者猶就大衆較量而云然耳。苟求其實，尤有可異焉。孟子曰：「人少則慕父母，知好色則慕少艾，仕則慕君，不得於君則熱中。」此一人也，而概論其一生，且判若兩截然，何也？又曰：「存乎人者，豈無仁義之心哉？其所以放其良心者，亦猶斧斤之於木也，旦旦而伐之，可以爲美乎？其日夜之所息，平旦之氣，好惡與人相近也者幾希，則旦晝之所爲有牿亡之矣。」此一人也，而第按其一日且判若兩截然，何也？今謂自堯舜至於塗人，不應懸絶如是之甚，遂疑其有異性。然則此一人也，而倏焉聖人，倏焉塗人，甚者倏焉違禽獸不遠，亦懸絶如是之甚，何也？將少時一性，壯時又另换一性耶？將平旦一性，旦晝又另换一性耶？殆不可解已。

孟子以不學而能爲良能，吾以爲不能而學亦良能也。何也？微良能，彼其有不能也，安於不能已耳，孰牖之而使學也？孟子以不慮而知爲良知，吾以爲不知而慮亦良知也，何也？微良知，彼其有不知也，安於不知已耳，孰啟之而使慮也？又曰：孟子以不學而能爲良能，吾以爲學而能亦良能也。何也？能之入處異而能之究竟處同，非學不學之所得而岐也。孟子以不慮而知爲良知，吾以爲慮而知亦良知也，何也？知之入處異而知之究竟處同，非慮不慮之所得而岐也。

朱子與呂東萊書曰：「子靜舊日規模終在，其論爲學之病，多説『如此即只是意見』，『如此即只是議論』。熹因與説：『既是思索即不容無意見，既是講學即不容無議論』。渠却云：『正爲多是邪意見、閑議論，故爲學者之病。』熹云：『如此，即是自家呵叱，亦過分了。須著邪字閑字，方始分明，不教人作禪會耳。』」愚謂意見對實悟而言，議論對實踐而言。學者不務實悟而務意見，便是落意見，亦便是邪，非必乖刺頗僻而後謂之邪也；

不務實踐而務議論，便是落議論，亦便是閑，非必支離浮漫而後謂之閑也。敢以此補兩先生未盡之意。

或問：「『天下歸仁』，其義云何？」曰：「中庸有之，『考諸三王而不謬，建諸天地而不悖，質諸鬼神而無疑，百世以俟聖人而不惑』，是謂天下歸仁。」曰：「朱子云：『歸猶與也。』然否？」曰：「考諸三王而不謬，三王與之矣；建諸天地而不悖，天地與之矣；質諸鬼神而無疑，鬼神與之矣；百世以俟聖人而不惑，百世之聖人與之矣。」

孔子於原壤曰「老而不死是爲賊」，孟子於告子曰「率天下而禍仁義」。此是後人擯斥二氏的公案。莊子言「孔子見老子，退而贊之曰『猶龍』」，列子言「孔子與商太宰論三皇五帝，獨推西方聖人」。此是後人崇事二氏的公案。蘇潁濱曰：「東漢以來佛法始入中國，其道與老子相出入，皆易所謂形而上者，而漢世士大夫不能明也。魏晉以後略知之矣，好之篤者則欲施之於世，疾之深者則欲絕之於世，二者皆非也。老、佛之道與吾道同而欲絕之，老、佛之教與吾教異而欲行之，皆失之矣。」李屏山曰：「吾讀楞嚴經，知儒在佛之下。又讀阿含等經，似佛在儒之下。至讀華嚴經，無佛無儒，無大無小，無高無下

湧出來。

矣。」凡此又皆近世論三教異同的公案也。學者無主先入之見，虛心參核，必有箇真是非

按列子云：「商太宰問孔子曰：『夫子聖人歟？』對曰：『丘博識强記，非聖人也。』又問：『三王聖人歟？』對曰：『三王善用智勇者，聖非丘所知。』又問：『五帝聖人歟？』對曰：『五帝善用仁信者，聖非丘所知。』又問：『三皇聖人歟？』對曰：『三皇善用因時者，聖亦非丘所知。』太宰大駭曰：『然則孰爲聖人？』夫子動容有間曰：『丘聞西方有聖人焉，不治而不亂，不言而自信，不化而自行，蕩蕩乎人無能名焉。』」愚謂此等議論都是平空揑出，借以貶抑儒門聖人，亦以自張面目。若信以爲實然，又因佛氏出自西方，遂從而附會焉，真是癡人前說夢矣。

程子曰：「孟子有功於聖門，不可勝言。仲尼只說一箇『仁』字，孟子開口便說仁義；仲尼只說一箇『志』，孟子便說許多養氣出來。只此二字，其功甚多。」愚謂，孟子拈出「不動心」三字，其功尤多也！千古聖學只是箇不動心。佛氏也是箇不動心。告子透得這箇消息，過於楊墨遠矣，却

被孟子一眼覷破，將他根本上病痛一一指點出來，使後之學者得以曉然於幾微異同是非之辨，不至爲他說所惑，走差了路頭。故曰：其功尤多。

儒者言仁，墨氏亦言仁；儒者言義，楊氏亦言義；並欲入而附於吾道之中，特失之偏耳。乃告子栝棬仁義，居然駕而出於吾道之上矣。是故楊墨之爲害也著而淺，告子之爲害也微而深。韓昌黎謂孟子之辟楊墨其功不在禹下，愚謂孟子之辟告子，其功又在辟楊墨之上。

明道謂佛氏之言視楊墨尤爲近理，伊川謂佛說直有高妙處。朱子謂楞嚴經做得極好，又謂佛氏之說如云「有物先天地，無形本寂寥。能爲萬象主，不逐四時雕〔一〕」，如云「撲落非他物〔二〕，縱横不是塵，山河及大地，全露法王身」，如云「若人識得心，大地無寸土」，「看他是甚麼樣見識，區〔三〕區小儒怎生出得他手，宜其被〔四〕他揮下也。」〔五〕三先生之言

〔一〕康熙本、宗祠本同作「雕」，今黎靖德編朱子語類整理本作「凋」。
〔二〕朱子語類「撲」作「樸」，「他」作「它」。
〔三〕「區」上朱子語類原有「今」字。
〔四〕「被」，朱子語類原作「爲」。
〔五〕見朱子語類卷一百二十六。

如此，不爲不知佛矣，然則何爲而闢之？曰：遡其發端，既與吾聖人尚有毫髮之歧；究其末流，又爲不善學者釀成千里之謬。是安得不重爲之防？況崇佛太過，必至於卑孔；業已卑孔，勢必至於土苴名教，猖狂無忌。佛氏而不欲拔衆生於苦海則已，佛氏而欲拔衆生於苦海，應不令其墮此矣。然則三先生者謂之有功於儒可也，謂之有功於佛亦可也。管屢江曰：「吾嘗謂沙門，程朱何曾謗佛，謗佛自在汝輩。」亮哉言乎！

或問：「昔王荆公謂張文定曰：『孔子去世百年生孟子，亞聖後絶無人，何也？』文定曰：『豈無人，亦有過孔孟者。』公曰：『誰？』文定曰：『江西馬大師，坦然禪師，汾陽無業禪師，雲峰，岩頭，丹霞，雲門。』荆公聞舉，意不甚解。文定曰：『儒門澹泊，收拾不住，皆歸釋氏焉。』公欣然嘆服。乃周元公則謂，『讀一部華嚴經，不如看一艮卦』，又謂『一部法華經只消一艮卦可了』，何也？」曰：「文定得儒之淺者也，故優釋於儒。元公得儒之深者也，故優儒於釋。蓋各就其所見而言也。」曰：「然則孰當？」曰：「文定之説恰好點著世間一種豪傑意中事，元公之説非是聰明才辨消剝無餘，真從澹泊裡〔二〕討

〔二〕宗祠本作「裏」。

出滋味來，恐亦未能深信也。」曰：「若是，則文定之所謂過處，即元公之所謂不如處也。」曰：「然。」

人言佛氏只是理會生死，愚謂不但佛氏，即吾儒亦只是理會生死。孔子曰「人之生也直，罔之生也幸而免」，又曰「志士仁人，無求生以害仁，有殺身以成仁」，又曰「自古皆有死，民無信不立」，又曰「民之於仁也甚於水火，水火吾見蹈而死者矣，未見蹈仁而死者也」，又曰「朝聞道，夕死可矣」。孟子曰「殀壽不貳，修身以俟之，所以立命也」，又曰「莫非命也，順受其正。是故知命者不立乎巖牆之下。盡其道而死者，正命也；桎梏死者，非正命也」，又曰「生我所欲，所欲有甚於生者，故不爲苟得也；死我所惡，所惡有甚於死者，故患有所不避也」。這都是理會生死。或曰：「味孔孟兩夫子之言，似看生死甚輕也，何謂理會生死？」曰：「以生死爲輕，則情累不干，爲能全其所以生、所以死而生死重。以生死爲重，則惟規規焉軀殼之知，生爲徒生，死爲徒死，而生死輕矣。然則以生死爲重者，正不免墮生死，而其以生死爲輕者，乃其深於理會生死者也。」

天地全而與之，人全而歸之，是謂仁人。父母全而與之，子全而歸之，是謂孝子。善乎！荆川先生之言之也，曰：「生時一物帶不來，此物却原自帶來；死時一物帶不去，此物却要還他去。」吾儒之理會生死，蓋如此。

關尹子曰：「若有厭生死心，超生死心，止名爲妖，不名爲道。」夫何故？道無生死也，有厭生死心、超生死心則有生死也。吾聖賢於此却只去盡心而知性，存心而養性，求箇仰不愧、俯不怍。及其至也，「與天地合德，與日月合明，與四時合序，與鬼神合吉凶」。蓋完完全全是一太極，而陰陽五行都不得而囿之矣。此之謂盡其道而生，盡其道而死。此之謂不以生而生，不以死而死。此之謂理會生死。

又曰：「人身之生死，有形者也；人心之生死，無形者也。」衆人見有形之生死，不見無形之生死，故常以有形者爲主，情欲勝而道義微。即其耳目人也，口鼻人也，四肢人也，不過行屍走肉已耳。聖賢見無形之生死，不見有形之生死，故常以無形者爲主，道義勝而情欲微。即其耳目人也，口鼻人也，四肢人也，固已超然與造物者游矣。而今理會生死，須把這二字勘得明白，然後可。

朱子疾革，門人請教，朱子曰「須要堅苦」，是說功夫。陽明疾革，門人請教，陽明曰「此心光明，亦復何言」，是説本體。惟曾子疾革，謂其門人曰「啟予足，啟予手。詩云：『戰戰兢兢，如臨深淵，如履薄冰。』而今而後，吾知免夫，小子！」即本體功夫，和盤托出矣。

或疑范忠宣好名，忠宣歎曰：「人若避好名之嫌，則無爲善之路矣。」愚謂無善無惡之説行，則人且當避爲善之嫌，不知將如之何而可也。避好名之嫌，則無爲善之路，難乎其爲君子！避爲善之嫌，却有爲惡之路，便乎其爲小人！

劉先主伐吴，孔明不諫。余始疑之，近讀出師表乃悟。先主之於雲長，是何等君臣，雲長既爲吴所斃，自應復讎。此處只論天理人情，更説不得第二句話，故曰：「鞠躬盡瘁，死而後已，至於成敗利鈍，非臣之所能逆覩也。」〔一〕

或問：「明道先生云『新法之行，亦吾党激成之，豈可獨罪安石』，又云『青苗可且放過』，何如？」曰：「此君子自反無窮之心也。大凡常人行有不得，一切惟求諸人，君

〔一〕語見諸葛亮後出師表。

子行有不得，一切惟求諸己。今以青苗一事，舉朝諍之不得，於是而市易，而均輸，而手實，而鬻祠，紛紛相繼而興，意其由激致然，引爲己咎。假令青苗放過，猶然市易，市易放過猶然均輸，均輸放過猶然手實，手實放過猶然鬻祠。諸所爲紛紛有加無已，又將曰『惜也！不克杜之於初，致其滋蔓。新法之行，亦吾党養成之，豈可獨罪安石？』故曰：此君子自反無窮之心也。若不識這箇意思，凡事只一味依依阿阿，没些皂白，猥云可且放過，即明道此一語，非惟前之無救於既往，後之無補於方來，而適以爲諧臣媚子希世取寵之階矣，非吾所知也。」曰：「先生又云『寧使人謂我啞御史，只是格君心』，何如？」曰：「此亦自有說。史言神宗雅知先生，召對之日，從容諮訪，比二三見，期以大用。每將退，必曰：『頻求對來，欲常相見耳。』一日論議久，日官報午正，先生求退，出廷中，中人曰：『御史不知上未食耶？』前後進説，大要以正心窒欲，求賢育材爲先。嘗言人主當防未萌之欲，神宗俯身拱手曰：『當爲卿戒之。』及論人才，神宗曰：『未之見也。』先生曰：『陛下奈何輕天下士！』神宗俯躬謝曰：『朕不敢！朕不敢！』一日，極論治道。神宗曰：『此堯舜之事，朕何敢當！』先生愀然曰：『陛下此言，非天下之福也。』神宗爲之改容。先生之於神宗投契如此，區區今日上一疏，明日上一疏，曾何足言此？先生所以願爲啞御史也。且史又言，先生在臺中數月間，章數十上，如論君道論王霸論養賢論十事諸劄子，皆經世大策，真可謂上不負天子，下不負所學者。乃先生視之，猶然不免啞御史也。意念深矣！假令知之而有言，言之而有不盡，其厚自刻責，又當何以爲比乎？記得往在都下，同年鐘惟新由樂安令征拜御史，予謂之曰：『足下何以報聖明？』惟新因舉先生語。予曰：『有先生之志則可，無先生之志則尸也。願足下爲魯男子，何如？』惟新謝曰：『命之矣。』

朱子讀兩陳遺墨，將荆公皮肉骨髓一一推敲出來，非特説著他癢處，亦且説著他痛處。而於一時諸君子之所評論，又悉爲之究其得失，曲盡事理，略無偏執。假令荆公聞之，縱不首肯，未必不心肯也。象山祠堂記却似不免先有箇主張荆公的意思横於胸中，便覺抑揚之間，費安排在。

「利」之一字，尋到本源處是義，究到末流處是害。是故以義爲主，利在其中矣；以利爲主，害在其中矣。荆公要做三代事業，却終日津津言利，正緣不識箇利字。

神宗儘聰明，亦儘有志，已被明道先生撥動，無何却爲荆公引去。明道就根本上提掇，荆公就門面上整頓。明道之對神宗句句映心，荆公之對神宗句句爽心。於是明道語及堯舜，輒謝曰「朕不敢當」，蓋已稍稍疑其迂。荆公語及堯舜，則欣然嘉納焉。於是明道日遠，荆公日近；明道日疏，荆公日親，真有如曾子固所謂合爲一人者。於是舉天下一切聽其所爲，卒至大壞極弊，雖有善者亦未如之何也已矣。嗚呼！此天也，非人之所能爲也。

荆公説的是最上第一等道理，即韓富司馬諸賢見不到此也，何其卓也！做的是最下第一等勾當，即桑孔諸人計不到此也，何其陋也！彼其意以爲，如此然後名利兼收，足以淩跨千古，而卒也兩下掛空，萬事瓦裂，以致君子不得安於朝，小人不得安於野，禍端一開，蔓延靡已，而夷狄且乘之矣。吾閱史至此，未嘗不掩卷三歎。

小心齋劄記卷七　庚子

或問："邇來談學家往往揭一宗指，子獨無之，何也？子亟稱性善，莫便是宗指否？"曰："吾於此，亦頗參之有年矣。參來參去，委不如『性善』二字好。這裏參得一分透，即有一分得力，參得二分透即有二分得力，參得完完全全便是聖人。"曰："如何參？"曰："此事選不得日子，揀不得方向，定不得格式，只要辦一副真精神，隨時隨地，都是理會處。孔子曰『吾無隱乎爾』，只『無隱』二字，分明將性之全體拈出，教人一箇參法也。"

孔子贊周易，删詩書，定禮樂，修春秋，俱是述而不作，只"中庸"二字是特地拈出。畢竟"中"字還是述，惟添箇"庸"字乃是作耳。由春秋以來二千餘年，諸子百家紛紛競起，都有一種可喜可愕處，能鼓舞人。搜求病根，只是無奈何許多聰明才辯不肯庸，乃知這一字真是照見天下後世學術之弊，預爲點破。萬兩千斤，十分鄭重，不可草草看過！

或問：「孔子之評韶武也，伊川先生云：『非是言武王之樂未盡善，言當時傳舜之樂則盡美盡善，傳武王之樂則未盡善也。〔二〕樂記云：有司失其傳也。〔三〕』朱注則云：『舜紹堯致治，武王伐紂救民，其功一也，故其樂皆盡美。然舜之德性之也，又以揖遜而有天下；武王之德反之也，又以征誅而得天下，故其實有不同者。』兩説孰當？」曰：「孔子之評委如伊川所云，爲傳其樂者而發，究竟言之，亦是實話。朱子則又推本言之也。」曰：「何也？」曰：「樂以象成也。試將舜典一篇一一描寫出來，豈不盡美又盡善？試將泰誓諸篇一一描寫出來，安得盡美又盡善也？若作意安排，本是反之，却要扮做性之的規模；本是征誅，却要扮做揖遜的格局，則僞而已矣，非特聖人不肯爲，亦不能爲也。故曰：亦是實話。觀孔子聞韶至不知肉味，且喟然歎曰『不圖爲樂之至於斯』；與顔子論爲邦，曰『樂則韶舞』；其所稱至德，一則歸諸『三以天下讓』，一則歸諸『三分天下有

〔二〕見程氏遺書卷二十二上。

〔三〕見程氏遺書卷二十三。顧憲成合二爲一，皆作程伊川語。

其二以服事殷』，意可見矣。」曰：「審爾，得無臣議君乎？」曰：「孔子不直評舜與武，而評其樂；又不直評其樂，而評夫傳是樂者。所言在此，所以言在彼，箇中多少含蓄，多少委婉。譬諸水月鏡花，道是真非真，道是假非假。讀者識得時，便見聖人下語，字字化工；識不得聖人，亦任人作何猜度，難與苦苦分疏也。」

中庸於舜曰「必得其名」，於武曰「身不失天下之顯名」，一字之間，不少假借，其嚴如是！此正可與評韶武之案相參。

善乎！邵文莊先生之言「身不失天下之顯名」也：「曰身心猶歉焉，曰不失亦險矣哉」。〔一〕於以見孔子之爲是言，一則以武王所遇不幸而適丁其窮，而重爲悲惋；一則以武王一腔情事，猶幸而得見亮於天下，而聊爲慰解也。其指精矣！

觀人以言，言可飾也；觀人以行，行可勉也；觀人以心，心可匿也；必也觀其神乎？孟子曰「存乎人者，莫良於眸子。胸中正則眸子瞭焉，胸中不正則眸子眊焉」，又曰「好名之人能讓千乘之國，苟非其人，簞食豆羹見於色」，皆以觀其神也。孔子言「視其所

〔一〕見邵寶簡端録卷十一。

以，觀其所由」，而終之曰「察其所安」，亦是此意。

或問：「許行爲神農之言，要人主並耕而治。孟子歷歷稱堯舜以破之，陳相不辯一言，想亦服了。」曰：「恐未必然。渠必曰：『神農是箇開天闢地的大聖人，奈何讓過了他，只於堯舜脚下盤旋？如此，縱然做得好，亦只成一箇小小局面，視今之諸侯王五十步百步間耳，豈不到底落在厲民自養套中，未聞道也？』」曰：「不二價，如何？」曰：「孟子言『巨屨小屨同價，人豈爲之』，意謂精粗同價，人莫爲其精；美惡同價，人莫爲其美耳。渠必曰：『我正憂夫俗之日靡也，特爲設這箇法，使人只爲其粗，莫爲其精，只爲其惡，莫爲其美，以還太古之樸。奈何此意，非惟衆人不識，雖孟子亦不識也。』這等議論，儘高儘妙，陳相輩如何不被他動？」

「用九：見群龍無首」，圓之至也。「用六：利永貞」，方之至也。天圓而地方。

或問：「存齋徐公何如？」曰：「可謂救時宰相矣。」問：「五臺陸公何如？」曰：「可謂救時冢宰矣。」曰：「有疑兩公心術欠粹白，然否？且如華亭爲亞相時，畏事分宜，至恥與之結兒女之親。平湖爲少宰時，適御史丁勺原糾發科場積弊，特疏參劾。此等舉動，亦殊不光明耳！」曰：「此論甚正。兩公俱非庸流，假令聞之，亦應心服。乃其總揆秉銓，實有功於世道，即褊衷姤口，不得而廢之也。更有可商量處。華亭爲亞相時爾爾，而識者皆信其異日必爲名總揆。平湖爲少宰時爾爾，而識者皆信其異日必爲名秉銓。夫豈聲音笑貌可强而然？吾輩於此，試思二公一段真精神何在？當有省發，不必瑣瑣吹求也。」

秉銓須是心眼合一。自疏庵王公在事，倒瀾已甚，寅所嚴公不要錢矣，無能有所振作也。二山楊公一味模棱，久而其術亦窮，人皆厭之。惟宋商丘奉職循理，孜孜在公，可謂有其心矣。陸平湖激濁揚清，風規皎皎，可謂有其眼矣。故識者以爲，論執持當推宋，論作用當推陸。在宋實開反正之漸，在陸遂收旋轉之功。宋類狷，陸類狂，立峯心谷兩余姚則依稀具中行之概焉。四君子一時後先柄事，世道之福也；皆不得久於其位以去，惜哉！

「仰之彌高，鑽之彌堅，瞻之在前，忽焉在後」，顏子之狀夫子也，得其髓矣！「江漢以濯之，秋陽以暴之」，曾子之狀夫子也，得其骨矣！「宗廟之美，百官之富」，子貢之狀夫子也，得其肉矣！自此以外，大率得其皮而已。然則鄉黨一篇何如？曰：皮肉骨髓咸在焉，只看人作何理會。故曰：「二三子以我爲隱乎？吾無隱乎爾。吾無行而不與二三子者，是丘也。」

天機至巧，儘你如何算計，那算計處恰爾曲投其機，躲避他不得。人眼至尖，儘你如何彌縫，那彌縫處忽已早落其眼，哄騙他不得。

或問：「孔子説『性相近』，何等渾融！孟子苦苦爭一箇『善』字，便死煞了，到底爭不過告子。」曰：「然則性無善無惡乎？」曰：「然。」曰：「『人之生也直』，是孔子語否？」曰：「何也？」曰：「孔子不言無直無曲，早已説得死煞了也，何但孟子爭不過告子？」曰：「然則『性相近』與『性善』二語，無以異乎？」曰：「善者對惡而言，近者對遠而言。謂之善所以別於惡，謂之近所以別於遠。一邊執定是善，一邊執定是近，都是説得死煞了也，奚其異？」曰：「然則孔子言『上知與下愚不移』，孟子言『人皆可以爲堯舜』，何如？」曰：「爲則堯舜，困而不學則下愚，兩語正互相發耳，不審子何所疑也？」

問程子識仁説。曰：「程子此一篇，字字從赤心中流出，邇來儒者既已家尸而戶祝之矣。只是程子全提，今也似乎半提。」曰：「何也？」曰：「『仁者渾然與物同體，義禮智信皆仁也』，此全提也。今也於『仁者渾然與物同體』則悉意舉揚，於『義禮智信皆仁也』則草草放過。『識得仁體，以誠敬存之而已，不須防撿〔二〕，不須窮索』，此全提也。今也於『不須防撿，不須窮索』，則悉意舉揚，於『誠敬存之』則草草放過。若是者，非半提而何？」曰：「既於『義禮智信皆仁也』草草放過，即所謂『渾然與物同體』，亦只窺見得一箇儱〔三〕統意思而已，非真能如程子之所謂『渾然與物同體』也。既於『誠敬存之』草草放過，即所謂『不須防撿，不須窮索』，亦只窺見得一箇脫灑意思而已，非真能如程子之所謂『不須防撿，不須窮索』也。是且並其半而失之矣。子謂程子全提，今也似乎半提。愚竊謂程子實提，今也似乎虛提。」曰：「也難道他盡是虛，只是多從便宜處走了。」

或問：「説者云，伊川考亭確乎其爲儒宗矣，乃其喚醒人處，似不如象山陽明也。然歟？」曰：「此不可以一端求也。自昔聖賢有作，教亦多術矣。或潛移密誘，舒徐委篤，

〔二〕 宗祠本作「檢」。
〔三〕 宗祠本作「籠」。

養人性地；或單提直指，明白痛快，發人性光。吾讀論語二十篇，而知孔子之教，大都主於養人性地者也。吾讀孟子七篇，而知孟子之教，大都主於發人性光者也。謂孔子不如孟子喚醒人，可否？豈惟孔孟，即曾思亦然，大學中庸其明徵也。豈惟曾思，即周程亦然。太極圖說非深心者莫能入也，通書非易心者莫能入也。至於定性書識仁說，覽者當下豁如矣。豈惟周程，即朱陸亦然。善乎吾師方山先生之言之也，曰：『朱子之言，孔子教人之法也；陸子之言，孟子教人之法也。』此兩語闡明兩先生之異而同，同而異處，最爲精確，庶幾足以折紛紛之論矣。」

高存之歸予吳康齋先生集，予取而閲之，見日録中有曰「君子當常喫虧方做得」，存之字字加圈，爲之惕然有省。再四咀嚼，不能舍去。於是爲之默默自諷，曰：「夫子之道，忠恕而已矣；忠恕之道，喫虧而已矣。顔子之道，不校而已矣；不校之道，喫虧而已矣。孟子之道，自反而已矣；自反之道，喫虧而已矣。」如是者久之。已而閲至忠國公石亨族譜跋，先生自署爲門下士，存之書其上曰：「君子不可與小人有緣。蓋亦先生之不幸也！」輒爲之怏怏不樂。過季時語之，季時曰：「否！不然也。好事者爲之也。」予曰：「何以知之？」季時曰：「吾以先生知先生耳。先生樂道安貧，曠然自足，真如鳳凰翔於千仞之上，下視塵世曾不足過而覽焉，區區總戎一薦，何關重輕！乃遂不勝私門桃李之感，而事之以世俗所事座主、舉主之禮乎？此以知其不然者，一也。且總戎之汰甚矣，行路之人皆知其必敗，而況於先生？先生所爲堅辭諭德之命，意蓋若將凂焉，惟恐其去之不速也，況肯褰裳而赴，自附於匪人之黨乎？此以知其不然者，二也。」予聞而躍然起曰：「弟此論，可謂具眼，大快人意！」嘗聞陳白沙先生被召至京，忌者誣其潛作十詩獻太監梁芳，得授簡討。委如所言，康齋爲石亨門下士，白沙又爲梁芳門下士矣。其何以爲兩先生！

韓昌黎謂孟子之功不在禹下，以其辨楊墨也。愚謂如辨割烹〔一〕、辨瘠環〔二〕等類，其功亦正不小，何者？自夫前之辨得行，而後吾聖賢之道昭然如日中天，一切嗜奇好怪之徒，無所施其横議矣。自夫後之辨得行，而後吾聖賢之心昭然如日中天，一切乞墦登壟之徒，

〔一〕見孟子萬章章句上。
〔二〕同上。

無所容其曲説矣。故曰：「予豈好辨哉？予不得已也！」

或問：「世之訢講學非也，但講者宜講道學，不宜講理學。盍慎諸？」予曰：「道學、理學何别？」曰：「『有物渾成，先天地生』，是之謂道；理，則其中條件耳。程朱，理學也，非道學也。」曰：「審如所云，老子是道學，孔子是理學；告子是道學，孟子是理學。」曰：「何也？」曰：「『失道而後德，失德而後仁，失仁而後義，失義而後禮，失禮而後智』[一]，老子只單提一箇道。『生之謂性』，『仁内也，非外也；義外也，非内也』，『以人性爲仁義，猶以杞柳爲桮棬』，告子只單提一箇性。及觀孔子二十篇，孟子七篇，其於言仁、言義、言禮、言智，何縷縷也！豈不並是條件中物？故曰：老子是道學，孔子是理學；告子是道學，孟子是理學。」

程伯子曰：「有甚你管得我，有甚我管得你！教人致太平後，某願爲太平之民。」程叔子曰：「學者不可不通世務。天下事譬如一家，非我爲則彼爲，非甲爲則乙爲。」讀兩先生之言，分明天地氣象！

[一] 老子原文无「失禮而後智」。

乾之爲言健也，天道也，其在於人則誠者之事也。而曰「終日乾乾，夕惕若」，是就本體上點功夫，亦分明畫出一箇「健」字來。坤之爲言順也，地道也，其在於人則誠之者之事也。而曰「直方大，不習，無不利」，是就工夫上點本體，亦分明畫出一箇「順」字來。

或問：「程子言『聖人本天，釋氏本心』，何也？」曰：「『易有太極，是生兩儀』，謂之本天。『迷妄有虛空，依空立世界。想澄成國土，知覺乃衆生』，謂之本心。」

朱子之釋格物，特未必是大學本指耳，其義却甚精。語物，則本諸帝降之衷，民秉之彝，夫子之所謂性與天道，子思之所謂天命，孟子之所謂仁義，程子之所謂天然自有之中，張子之所謂萬物之一原。語格，則備舉程子九條之説，會而通之，至於呂謝諸家之説，亦一一爲之折衷焉。總而約之以四言，曰：「或考之事爲之著，或察之念慮之微，或求之文字之中，或索之講論之際。」蓋謂内外精粗，無非是物，不容妄有揀擇於其間。又謂：「人之入門各各不同，須如此方收得盡耳。故惟大聖大賢不得拘以是法，其次未有不由之而入者也。」議者獨執「一草一木亦不可不理會」兩言，病其支離，竊恐以語末流之弊，誠然有之，以語朱子，過矣。予往見孔子論學詩，自興觀群怨，事父事君，説到多識鳥獸草木之名，意頗疑之，以爲瑣屑爾爾，何能不見薄於老莊諸人。今乃啞然自笑也。並記之以志予妄。

惟危惟微，惟精惟一，是從念慮事爲上格。「無稽之言弗聽，弗詢之謀勿庸」，是就文字講論上格。如此看來，即聖人亦不能外是四者，朱子所云，固徹上徹下語也。

陽明特揭良知，可謂超然自信，獨往獨來，了無依傍矣。今考年譜，則謂其謫龍場也，日夜端居澄默以求靜一。久之，胸中灑灑，因念聖人處此，更有何道，忽中夜大悟格物致知之説，寤寐中若有人語之者，不覺呼躍，從者皆驚。是亦未嘗不從念慮入也。及經宸濠之變，語門人曰：「近來信得『致良知』三字，真聖門正法眼藏。往年尚疑未盡，今自多事以來，只此良知無不具足。」他日，又曰：「當時尚有微動於氣所在，設今處之，更不同。」是亦未嘗不從事爲入也。譜又言，陽明始發悟時，以默記五經之言證之，莫不脗合，因著五經臆説。且「致知」二字揭自大學，「良知」二字揭自孟子，陽明特就中提出耳。是亦未嘗不從文字入也。予昔聞季彭山言山陰有黄轝子，讀書不牽章句。成化弘治間儒者守成見，莫之信，惟陽明與之善。又聞，陽明遇增城湛甘泉於京師，一見投契，嘗爲文別甘泉，自言：少不知學，已出入於釋老，久之，乃沿周程之説而求焉，岌岌乎仆而復興。晚得交甘泉而後志益堅，毅然若不可遏。至於門人徐曰仁陸原靜輩，始亦不無牴牾，已而各竭所疑，反覆辨析，而後歸於一。由此觀之，其所商求印證，得之友朋之發者當不少矣。是亦未嘗不從講論入也。故夫陽明之所謂知，即朱子之所謂物；朱子之所以格物者，即陽明之所以致知者也。總只一般，有何同異，可以忘言矣。

再閲陽明與羅少宰書有云：「凡某之所謂格物，其於朱子九條之説，皆包羅統括於其中；但爲之有要，作用不同，正所謂毫釐之差耳。然毫釐之差而千里之謬，實起於此，不可不辨。」竊惟，朱子平，陽明高；朱子精實，陽明開大；朱子即修即悟，陽明即悟即修。以此言之，兩先生所以考之事爲之著，察之念慮之微，求之文字之中，索之講論之際者，委有不同處；要其至於道，則均焉，固不害其爲同耳。若曰是起千里之謬，至推而比諸楊墨，試揆諸此心之良知，其果然乎否也？

薛文清讀書録，似乎句句是見成的，不曾使自家些子意思；只句句從躬行心得中拈出來，便句句是文清的。

韓淮陰登壇數語，便決漢楚興亡。諸葛武侯隆中數語，便將漢季天下分而爲三，異時按之，毫髮不爽。渠何所憑依，了了如此？看來只是眼清耳。淮陰識得高祖項籍兩人，武侯識得先主曹操孫權三人。

或問：「聞子少時，有晉陵謝省菴令君，貽以陽明文粹，子讀而愛之，於是亦遂好言禪。乃今於陽明猶亟稱焉，獨於禪則絶口不言。非直不言而已，察子之意，一似疾之然者，一似厭之然者，一似畏之然者，何居乎？」曰：「是三者皆有之。」曰：「然則向者何爲而好之？乃世之好之者，又何爲一往而不返也？」曰：「這也怪不得他們，委自有動人處，有服人處，難以一筆塗抹。」曰：「何也？」曰：「他們極肯喫辛苦，真是日不坐，夜不眠，渴不飲，饑不食，寒不衣；聞那裏有箇善知識，定要去參他。逢山鑿山，逢水截水，便是喪身失命也不略爲皺眉。幸而摸著箇巴鼻，且不肯草草舉揚，還去藏形斂跡，密切磨鍊，如聾如啞，如醉如狂，更不知天地間尚有何事。他辦了這副精神，人如何不服他？且他既辦了這副精神，如何不透出一箇奇特的消息來，人如何不被他動？吾儒却只悠悠自在，一月中不知有幾日成得片段，一日中不知有幾刻成得片段。其間稍伶俐的，反向他領下掠取餘沫，認作自己家珍，横説豎説，曾不慚愧。忽然遇著明眼人，一擊粉碎，濟得甚事，所以遂輸與他。朱子嘗言：『他們有人，我這裏無人，以此只是他却占了一件便宜。』」曰：「何也？」曰：「他們拚得出家，一切都撇，更没箇東西與他作對，便自空蕩蕩地，於境常處其逸，要得有箇成就也順而易。吾儒日在人倫事物中，有許多情委合與體貼，有許多變態合與調停，便自忙碌碌地，於境常處其勞，要得有箇成就也逆而難，所以又輸與他。」曰：「他們做便宜的題目却肯喫辛苦，我們做辛苦的題目却要討便宜，如何使得！」曰：「誠然！究竟亦只在人耳。『進吾往也』，『止吾止也』而今須豎起兩肩，放開兩脚，努力前去，千不休，萬不休，誓做箇大大豪傑，莫被他笑！」

吳康齋先生一團元氣，可追太古之樸。羅整庵先生一團正氣，可挽末俗之頽。

小心齋劄記卷八　辛丑

説者謂，孟子道性善則是，而以情徵性，則費分疏，何者？情有善有不善也，我以情之善徵性之善而破人之所謂不善，人亦將以情之不善徵性之不善而破我之所謂善矣。誠然！誠然！第孟子亦原自道破來，曰「天下之言性也，則故而已矣。故者以利爲本」，又曰「今夫水搏而躍之，可使過顙，激而行之，可使在山，是豈水之性哉？其勢則然也。人之可使爲不善，其性亦猶是也。」直是説得十分明白！奈何世之人見水之過顙，不疑水有過顙之性，見水之在山，不疑水有在山之性，獨見人之不善，便疑人有不善之性？其費分疏也，不亦宜乎！

「貧而無諂，富而無驕」，還就人面上撿點；「貧而樂，富而好禮」，却就自心上受用。即此有爲己、爲人之别，非但安勉精粗之不同而已。

「甚矣吾衰也！久矣，吾不復夢見周公」，當與「鳳鳥不至，河不出圖」條參看，都是説先兆。蓋河圖之出爲庖犧也，鳳鳥之至爲文王也，周公之夢爲孔子也。河不出圖，庖犧之不復作可知矣；鳳鳥不至，文王之不復作可知矣；周公不夢，孔子之不得爲周公可知矣。此所以重有感而歎也。若就孔子身上論，其家天下，人中國，一念汲汲皇皇，自少而壯，壯而老，猶一日耳，奚其衰？

伊川先生曰：「餓死事極小，失節事極大。」這是斬斷人情，直標天理，乃十分到頭話。頃讀雲間周萊峯先生記言，謂其鄉有金相之母，一村家婦耳，貧而寡居。親鄰再三勸其改嫁，此婦徐答曰：「無煩多説，只拚得乞丐便了。」聞者莫不嘆服。他做的是十分到頭事，但説得九分話。然而越委婉越見果決，越和平越見真誠，天理人情兩極其至，依舊是十分到頭話。且説箇拚得餓死，苟非鐵石心腸，猶不免逡巡顧望，畏難而中却；説箇拚得乞丐，但廉恥一念未盡澌滅，亦須勉强掙扎，不至破頭露面，甘蹈狗彘之爲。試思，區區一村家婦耳，何嘗讀書識字，何嘗講説義理，倉卒酬對，不激不隨，令人再不好開口。此文成所謂良知也。

或問：「墨氏言仁，豈能有加於吾聖人之仁？楊氏言義，豈能有加於吾聖人之義？

乃被其充塞，何也？」曰：「二氏倒邊做，做得奇，恰有一段精神能動人。吾聖人隨時順應，做得平，也無可喜，也無可驚。人見之只如常，所以收他不住，相率去而之彼。」曰：「試舉看。」曰：「墨氏之仁至於摩頂放踵利天下亦爲之，是甚麼樣慈悲！吾聖人親親而仁民，仁民而愛物，反若多所分別然。楊氏之義至於拔一毛而利天下不爲，是甚麼樣清淨！吾聖人立必欲俱立，達必欲俱達，反若多所兜攬然。故曰：『惡紫恐其亂朱也，惡鄭聲恐其亂雅也。』豈惟亂之，又能奪之，何者？朱不如紫之豔，雅不如鄭之濃也。兼愛之能奪吾仁，爲我之能奪吾義，亦猶是耳。」曰：「然則孟子何恃而勝之？」曰：「以暫而言，平不勝奇；以常而言，偏不勝正。暫者，欣厭之妄情，在一時易眩；常者，是非之定理，即萬世莫易。二氏乘其暫，孟子執其常，茲吾道之所以卒伸，而邪説詖行竟不能與之抗也。」

河圖洛書，是造化兩篇大文字。八卦九疇大學中庸首篇太極圖説西銘，是千古來聖賢六篇大文字。有起頭，有結局，有次第，有本體，有作用，有綱領，有條目，有工夫，有效驗，才提起，種種色色都在面前，何等易簡而明白！反貼實理會，自天開地闢生出無限英豪，憑他如何做也做不能了，憑他如何説也説不能了，又何等廣大而精微！嗚呼至哉！

河圖洛書是爲造化傳神的，八卦九疇是爲河圖洛書傳神的；大學是就人生以後説起的，中庸是就人生以上説起的；西銘是就既有天地説起的，太極圖説是就未有天地説起的。分看來，不相依傚，不相假借，不相淩越，各各自開一局；合看來，實是互相闡明，互相助發，互相攝持，恰好完却天地間一箇公共的大勾當也。

問：「陸象山先生曰：『論語多有無頭底説話，如「知及之，仁不能守之」之類，不知所及、所守者何事？如「學而時習之」，不知時習者何事？非學有本領，未易讀也。』是信然矣。第不知當初孔子何不直與拈出，將其時及門弟子已自識得，只消教之下手工夫乎？抑亦工夫到後，自然識得，不須預道破乎？將日用見在無非是物，不得於其間有所揀擇而言之乎？抑亦離聲色，絶方所，更無開口處乎？」曰：「這箇意思須兼看始盡。」曰：「朱子集注於學而一章，首提箇『性』字，次提箇『覺』字，俾讀者才開卷便曉得箇入頭，恰好代孔子拈出了也。」曰：「固是。細看來且不明白拈出，只把箇無頭底説話，聽人自去理會，意味更長。」

利根斷，方能充無欲害人之心；名根斷，方能充無穿窬之心。

朱子之辟象山，自今日看來，委似乎過當。自當時看來，周子之無極，直透庖犧作易之原，張子之西銘大闡孔門言仁之指，這都是大頭腦所在，象山兄弟都不以爲然，公言排之，宜其重不滿於朱子也。

或問：「夷齊賤，桀紂貴，曾原貧，季氏富，顏淵殀，盜蹠壽，造化亦有謬乎？」曰：「非謬也，正造化之提醒人處也。」曰：「何也？」曰：「夷齊賤，適成其高，以示賤不足醜也。桀紂貴，益彰其穢，以示貴不足榮也。曾原貧，流芳至今，以示貧不足鄙也。季氏富，遺臭至今，以示富不足侈也。顏淵殀，凡語及者無不欣然願爲執鞭，以示殀不足憾也。盜蹠壽，凡語及者無不唾而罵之，以示壽不足歆也。然則吾人之所以安身立命，昭昭在富貴貧賤壽殀之外矣。故曰：非謬也，正造化之提醒人處也。」

鄒孚如司外計，言於太宰栗菴宋公，請刻章二：一曰「真知」，一曰「傳聞」。與諸司約，真知者必黜，黜不當，請受其咎。於是所黜海内無不稱服者。姜仲文督學陝西，試日粘片紙卷表，令諸生開報行優爲衆所共與者，如無之不受卷，以所聞多與諮訪同者始獎賞之。於是所獎賞，一方無不稱服者。此二事皆可以爲法。

或問：「孟子言『人之所以異於禽獸者幾希』，幾希何物也？」曰：「只看『幾希』二字，便令人毛骨俱凛，甚於臨深履薄，且不必討求是何物。」再問，曰：「此有二義：一就念頭上看，一就源頭上看。」曰：「念頭上看如何？」曰：「即本文下二句是也。曰：『何也？』曰：『「庶民去之，君子存之」，存之則人矣，去之則禽獸矣。存與去，兩者其間不能以寸，故曰幾希。朱子提出『憂勤惕厲』四字，而曰『蓋天理之所以常存，人心之所以不死也』，得其指矣。此從念頭上看也。」曰：「源頭上看如何？」曰：「即書所云『惟人爲萬物之靈』是也。」曰：「何也？」曰：「『大哉乾元，萬物資始。至哉坤元，萬物資生。』人與禽獸都從那裏來，有何差殊？其不同者，只是這些子靈處耳。」曰：「何以有這些子不同？」曰：「理同而氣異也。」曰：「這些子恐亦是理之發竅。」曰：「誠然！第謂之發竅，便已落於氣矣。這箇竅在禽獸僅通一隅，在人可周萬變。自禽獸用之，只成得箇禽獸。自人用之，便成得箇人。至於爲聖爲賢，與天地並，其究判然懸絶，而其分岐之初，不過是這些子，故曰幾希。朱子曰：仁義禮智，人與物異；知覺運動，人與物同。竊以爲，若知覺運動，人如是，禽獸如是，即仁義禮智，禽獸亦可得而全矣。恐未必然。此從源頭上看也。從源頭上看，便知人絶無可自恃處；從念頭上看，便知人略無可自肆處。吾儕切勿虚擔箇人，孤負孟子一片提撕苦心也。」

或問：「『朝聞道，夕死可矣』，何也？」曰：「予實未有聞，何敢言？姑依倣言之。道超乎貧富之外，不以貧富爲豐嗇者也。聞道則朝而千駟萬鍾，夕而一簞一瓢可矣。道超乎貴賤之外，不以貴賤爲加損者也。聞道則朝而三槐九棘，夕而一丘一壑可矣。知此，則知朝聞夕可之説矣。」曰：「有謂夕死可矣，猶言死而不死也。然否？」曰：「論理固然，却不必説到此。且如超得貧富，便不見孰是千駟萬鍾，孰是一簞一瓢。若曰『吾自有不貧者存，無須於富』，即胸中猶著箇富字也。超得貴賤，便不見孰是三槐九棘，孰是一丘一壑。若曰『吾自有不賤者存，無須於貴』，即胸中猶著箇貴字也。聞道者恐不其然。」曰：「何謂道？何謂聞？」曰：「道是公共的，聞是獨自的。公共的我不必乞於人，人不必乞於我；獨自的，人不能與諸我，我不能與諸人。且各去理會，待有箇消息再作商量。」

又曰：貧賤富貴是眼前事，死生是末後事，其理只一般。若要末後超得過，須是眼前超得過。若是眼前超不過，末後何由超得過？故功夫只在平時，若非死心塌地，將軀殼念頭十分洗盡，縱饒你孫吳之智，儀秦之辯，賁育之勇，輸墨之巧，到這裏都使不著。

良能不學而能，良知不慮而知，所謂性也。説者以爲由孩提之不學而能，便可到聖人之不勉而中；由孩提之不慮而知，便可到聖人之不思而得。良是！第此猶就聖人、孩提分上説來，若就性上看，應曰：聖人之不勉而中，恰到得孩提之不學而能；聖人之不思而得，恰到得孩提之不慮而知耳。雖然，猶二之也，原來只是一箇，没些子界限，何處放箇「到」字？故曰：「大人者，不失其赤子之心者也。」

同志聚晤，往往論及初入門功夫，誠切務也。第此處亦難指定耳，才指定便未免因藥發病，故必從性地入方穩。無已，則有二焉：一是周元公令程子尋孔顔樂處所樂何事，一是楊龜山門下相傳教人靜坐看喜怒哀樂未發作何氣象，儘好商量。且不直曰「孔顔樂事」而曰「所樂何事」，不直曰「未發氣象」而曰「作何氣象」，引而不發，語既渾含，圓而不執，機更活潑。在元公便成就了明道兄弟，在龜山便醞釀出豫章延平兩先生來，流及朱子，而斯文爲之一大振，殆非偶然而已。有志者盍審擇於斯！

予始讀韓昌黎原道，以爲粗之乎其辟佛者耳，年來體驗，乃知其妙。蓋佛氏說心說性，儘自精微，幾與吾聖人不異；至其單言片語，能使人立地豁然而頓悟；又或汪洋浩蕩，高入九天，深入九淵，能使人没於其中而不得出，更若駕吾聖人而上之然者。即欲闢他，何處下口？惟就人倫上斷置，方纔無辭以解。且既於此無辭以解，即心性之説亦不攻自破，何也？吾聖人以人倫爲實際，其所謂心性即在君臣父子兄弟夫婦之中。佛氏以人倫爲幻跡，其所謂心性乃在君臣父子兄弟夫婦之外。在君臣父子兄弟夫婦之中，是謂「體用一原，顯微無間」；在君臣父子兄弟夫婦之外，體用顯微，打成兩截矣。即口口說一原無間，其能一原無間乎否也？論至此，彼亦何説之辭！故辟佛者只應如是而止。此堂堂之陣，正正之旗，湯武之師也。若以爲粗之乎闢佛，却是自家這裏將心性另作一物看，適不免走入他圈子中矣，如何闢他？或曰：「釋迦不娶耶輸氏乎？不子羅睺羅乎？曷嘗去人倫？」曰：「此非其本心也。觀其逃父入山，則知之矣。」曰：「即入山，他門亦自有師父、師兄、師弟、師祖、師孫，曷嘗盡去人倫？」曰：「丢却真者，去認假者，正是反常。孟子曰：『天之生物也使之一本，而夷子二本故也。』此之謂耳。」曰：「吾所謂本，又有進焉。無極之初，原無一物，自有陰陽，而後有男女，有男女而後有夫婦，有夫婦而後有父子，有父子而後有君臣。釋氏欲還人於無極，故特顯無極相耳。子將本陰陽乎？本無極乎？」曰：「此恐未然。君臣因父子而有，而其所以爲君臣者，不因父子而有也。父子因夫婦而有，而其所以爲父子者，不因夫婦而有也。夫婦因男女而有，而其所以爲夫婦者，不因男女而有也。何者？是皆無極中物也。昔邵堯夫與趙商州論牡丹，謂洛人以見根撥而知花者爲上，見枝葉而知者次之，見蓓蕾而知者下也。如待有君臣而後知有君臣，待有父子而後知有父子，待有夫婦而後知有夫婦，曾不異枝葉蓓蕾之見，而可以語無極乎？程子曰『沖漠無朕，萬象森然已具』，此最善言無極相者。予謂，萬象森然，依舊沖漠無朕，是即所以顯無極相也。必棄而君臣，絶而父子，離而夫婦，然後可，無極其一偏枯之物而已乎？由此言之，佛氏而不本無極則已，佛氏而本無極也，其將何辭以解乎？」往嘗謂高存之曰：『人言儒、佛同體而異用，何如？』存之曰：『體則寂無朕兆，所以易混；用則全體俱呈，所以易別。』予聞之爲爽然一快。今跡其所易別，核其所易混，信乎心性之説不攻自破矣。此原道之作，似平平無奇，而上下二千年間闢佛家竟未有尚之者也。」曰：「昌黎之於佛，恐尚落影響間。」曰：「固是，却亦正幸其入佛未深耳！如其入之深也，便應向大年天覺諸人隊裏拈椎弄拂去，何以得稱孔氏之徒？」曰：「亦有入之深而仍不墮者乎？」曰：「蓋有之矣，吾未之見也。意中只周元公一人。」

或問：「孟子性命二條，有分而言之者，有合而言之者，孰是？」曰：「分而言之者，就情識偏墜處提撥；合而言之者，就本原歸一處指點。皆是也，總之不出天人兩字。」曰：「試爲分而言之，何如？」曰：「世人看嗜欲一邊恒重，況口之於味，目之於色，耳之於聲，鼻之於臭，四肢之於安逸，與生俱生，與形俱形，又可喚他是性，恰中其重之之心，便一切引入裏面來，營求無已。孟子爲轉出外面去，而曰：『這箇有命焉，喚作性不得。蓋在人者，無一不懸於天，莫可强也。』世人看義理一邊恒輕，況仁之於父子，義之於君臣，禮之於賓主，知之於賢者，聖人之於天道，時值其常，時值其變，又可喚他是命，恰中其輕之之心，便一切推出外面去，苟且自安。孟子爲轉入裏面來，而曰：『這箇有性焉，喚作命不得。蓋在天者，無一不懸於人，莫可諉也。』此就情識偏墜處提撥也。」曰：「試爲合而言之，何如？」曰：「耳目口鼻四肢非他，即仁義禮知天道之所由發竅也；仁義禮知天道非他，即耳目口鼻四肢之所由發根也。是故性也有命焉，在人者無一不原於天，極天下之至精而非粗也。外命求性，只在軀殼上認取，狥其粗而遺其精矣，君子不謂性也。命也有性焉，在天者無一不備於人，極天下之至實而非虛也。外性求命，只在造化上揣摩，狥其虛而遺其實矣，君子不謂命也。此就本原歸一處指點也。如此看來，無所不可，何必執著只有一箇意思？當入理會。」曰：「願聞之。」曰：「知其分，便須以命御性，以性立命，無容混而爲一。知其合，便須攝性歸命，攝命歸性，無容岐而爲二，方纔有著落處。不然，說分說合，總屬閒談，況又爭誰說是誰說非，何益何益！」

朱子之最有功於天下萬世者三：一是表章周元公太極圖說，一是作通鑒綱目，一是作小學。至集注，則當别論。

「人皆曰予知，驅而納諸罟獲陷穽之中而莫之知辟也」，這是認賊作子。「人皆曰予知，擇乎中庸而不能期月守也」，這是認子作賊。自負若彼，顛倒若此，試回頭一顧，能不惘然？然則誤在甚處？曰：誤在「人皆曰予知」五字。「舜好問而好察邇言，隱惡而揚善，執其兩端，用其中於民」，曷嘗自以爲知？夫惟不自以爲知，乃其所以爲大知也。

小心齋劄記卷九　壬寅

予一夕夢謁楊龜山先生於崇正書院，拜而請曰：「孔子删述五經，垂訓萬世，尋遭秦火，猶然無恙，所謂天之未喪斯文也。獨禮記一經，純駁幾半，似非原經。二程夫子紹明孔緒，何不代爲釐正，補此闕典？」先生曰：「業已釐正矣。」曰：「何以不傳於世？」先生曰：「何嘗不傳於世！」曰：「安在？」先生曰：「大學中庸是也。」予覺而異之，召季時語焉。季時曰：「此兆甚奇，此論甚確，真千古不易之案也！」一日又謂之曰：「大學中庸還爲禮經，五經備矣。周子之太極圖說通書，朱子之小學，竊以爲可羽翼論孟，配爲四書。弟意云何？」季時躍然起曰：「此又千古不易之案也！弟往在儀曹，擬疏請周子朱子配享孔子，未及上。今得兄之論，爲之一快！試以質於世之君子，當必有此心之同然者矣。」

易不云乎「知崇禮卑」，通乎周子之太極可與言知矣。而語其用力之處，一則曰「定之以中正仁義」，一則曰「主静」，又十分平實。是崇者未嘗不肇端於卑也。通乎朱子之小學，可與言禮矣。而語其得力之處，所以格致誠正始此，所以修齊治平始此，又一切該貫，是卑者未嘗不究極於崇也。秦漢以下，誰能識得這箇消息？周子有之，「易何止五經之源，其天地鬼神之奥乎？」愚以爲太極圖説正天地鬼神之奥也。朱子有之，「四子，六經之階梯；近思録，四子之階梯。」愚以爲，小學，又近思録之階梯也。

夜來偶思孟子性命二條，其指甚精，當與盡心章參看，何者？耳目口鼻四肢，人見以爲落在形骸，塊然而不神，今曰「性也有命焉」，是直推到「人生而静以上不容説」處，以見性之來脈極其玄遠。如此，不得丟却源頭，認形骸爲塊然之物也。故曰：「知其性則知天。」仁義禮知天道，人見以爲來自於穆窈然而不測，今曰「命也有性焉」，是直反到愚夫愚婦可與知與能處，以見命之落脈極其切近。如此，不得丟却見在，認於穆爲窈然之物也。故曰：「殀壽不貳，修身以俟之，所以立命。」嗚呼微哉！

書言「人心惟危，道心惟微」，直是八字打開。太極圖説言「無極之真，二五之精，妙合而凝」，即人心、道心又不是截然兩物也。乃孟子論性命二條，實備發其指。是故「性也有命焉」，蓋就人心拈出道心，以爲舍無極没處尋二五也；「命也有性焉」，蓋就道心攝入人心，以爲舍二五没處討無極也。所謂「妙合而凝」，蓋如此。窮此之謂窮理，盡此之謂盡性，至此之謂至命，非深於天人之故者，其孰能知之？

原憲「克伐怨欲不行」，孔子以爲不知其仁，及顔子問仁，却告之克己，何也？曰：己是克伐怨欲之根，克伐怨欲是己之枝葉。從枝葉上檢點，方且東支而西吾，方且西滅而東起，何時是了？從根上斬斷，即徹底澄清，一切沾染不得矣。兩下相去正是天淵，不可同年而語也。

所謂己，非特衆人有之，雖君子亦有之；非特君子有之，雖聖人亦有之。故禹之稱堯，孟子之稱舜，皆曰舍己；論語記孔子絶四，亦以毋我爲究竟。毋者，禁止之辭。以用力言謂之克，以得力言謂之舍。

湯革桀，武革紂，一戎衣而天下大定，此顔子之所謂克己也。漢高用三傑，走項籍而刎之烏江，始成帝業。若但得曹參樊噲輩，今日下一邑，明日下一郡，紛紛戰爭，正未有已時耳。此原憲之所謂「克伐怨欲不行」也。

臺省建言或不盡實，輒以風聞爲解。考「風聞」二字，出自趙佗。佗據南越稱帝，漢文移書讓之，佗因言，老夫風聞父母墳墓已壞削，兄弟宗族已誅論，求更號自帝，非敢有害於天下。蓋借是爲解飾之辭。武氏反唐爲周，知一時人心必不帖然，大開告訐，恣行誅戮，猶以爲未盡，特許御史風聞言事。一麗彈章，不論有無，輕則誅及其身，重則夷及九族。蓋借是爲羅織之計。奈何奉爲聖書，世世遵用，至於今猶莫覺其謬？只這二字，塗塞了多少耳目，顛倒了多少是非，喑啞了多少善良，張熾了多少讒慝！此孟子之所謂實不祥也。

性，天道也；學，人道也。性原於天，隨其所賦，洪纖高下，各各不殊，本自有定在。在昔聖賢之語性，亦自有定也，後人却見謂無定，輒以衆説混之，而性晦。學繫於人，隨其所入，千蹊萬徑，各各不等，本自無定。在昔聖賢之語學，亦自無定也，後人却見謂有定，輒以一説格之，而學晦。此無他，總是好奇之過耳。

看來看去，吾人千病百痛，只是欲爲之胎；做來做去，吾人所以趕不上聖賢，只是欲爲之祟。周子特提出「無欲」二字，正從咽喉下著刀，只寸鐵便能殺人。故曰：拚得性命，方了得性命。

或問：「『當下』二字應如何看？」曰：「『發憤忘食，樂以忘憂』，孔子之當下也。『非禮勿視，非禮勿聽，非禮勿言，非禮勿動』，顔子之當下也。『必有事焉而勿正心，勿忘勿助長』，孟子之當下也。」曰：「這只説得功夫，未是本體。」曰：「憤是誰憤？樂是誰樂？勿是誰勿？必是誰必？本體功夫有何定名，總總憑君喚取。」

「堯以天下與舜，有諸？」此問大奇。二典三謨，經孔子親手刪定，這件事載得明明白白，不如洗耳沉淵之説，出自玩世之徒，寓言以張其高者比。這又是極好的事，不如割烹、瘠環之説，出自阿世之徒，藉口以文其奸者比。何須要問？萬章蓋亦見得聖人當此時方做此事，揖讓與征誅都是一箇道理流出，非故爲矯激，薄其子而厚他人，博箇名兒。世間乃有豔慕而依仿之，如子噲子之之流者，既屬可笑，況以爲可得而與，則亦將以爲可得而取，以爲可得而取，則亦將以爲可得而奪。與而取，順也，猶可言也；奪而與，逼也，不可言也。世間安知無借與之名文奪之實以欺天下，天下且受其欺而不覺者？如此，亂臣賊子且接跡而起矣，尤屬可懼。以故特尋這話柄，將來做箇疑端，就中一段意思最爲深至。孟子答得又大奇，徑將堯舜放在一邊不説，只説箇「天子不能以天下與人」，恰打著萬章心上事。於是萬章就「不能」二字，委曲詰難，一層入細一層，直窮到底。孟子就「不能」二字，反復分剖，一節痛快一節，直透到頭，發出天地間至當不易的道理，闡出古今來未經人道的議論。然後知聖人心事，真如青天白日，非惟不以天下爲重，愛而戀之，抑且不以天下爲輕，藐而擲之。即好事者流，何得執禪繼征誅之跡，妄肆雌黄！然後知天下公器，幽有百神管著，明有百姓管著，非惟天子欲與人而不敢，抑且欲與人而不能。一切奸雄亦可消多少癡夢，其有功於世教大矣！

問：「論性者，或以理言，或以氣言，或兼理氣言，何如？」曰：「厥初一氣也，孰主宰是？理也。所謂性，蓋自其主宰言之也。」曰：「如此得無遺氣？」曰：「既曰『自其主宰言』，便是就氣上點出理來，曷嘗遺氣？吾儕要識性，須從主宰處認取，方有下落。雖曰性不離於氣，亦必知其有不墮於氣者存，而後性之真面目始見耳。若向氣上認取他，這箇紛紛紜紜，清濁純駁，千態萬狀，將指何者爲性？」曰：「然則理與氣二乎？」

曰：「識得理是氣之主宰，如何分而爲二？」曰：「然則理與氣一乎？」曰：「識得理是氣之主宰，如何混而爲一？」

或問：「陽明云：『一貫是夫子見曾子未得用功之要，故告之。學者果能忠恕上用功，豈不是一貫？一如樹之根，貫如樹之枝葉，未種根，何枝葉之可得？體用一源，體未立，用安從生？謂曾子於其用處，蓋已隨事精察而力行之，但未知其體之一。此恐未盡。』何如？」曰：「惟未知體之一，是以未得用功之要；既未得用功之要，則必未知體之一矣。兩語恐只是一意。」曰：「然則皆是歟？」曰：「曾子平日所潛心處正在忠恕，何云未得用功之要？有人於此呼之以張則應，必其委是張也；呼之以李則應，必其委是李也。若錯而呼之，有愕然已耳。今曾子隨呼隨唯，何云未知體之一？」曰：「然則皆非歟？」曰：「朱子於此語之下，即繼之曰『真積力久，將有所得』，說得恰好！試味之，可以想見曾子一時憤悱心境。乃一貫之告在此時，又可以識取夫子當下點化妙手矣。陽明只據體用之說斷置，所以疑其未盡也。」

或問：「因果有諸？」曰：「有之。」曰：「何以聖人不言？」曰：「聖人何嘗不言？」曰：「可得聞乎？」曰：「禹之謨曰『惠廸[一]吉，從逆凶』，尹之訓曰『作善百祥，作不善百殃』，而求之不可殫述也。」曰：「此言見在，不言過去未來也。」曰：「易不云乎？『積善之家必有餘慶，積不善之家必有餘殃』。謂之積，則上之推及祖宗，是亦過去也；謂之餘，則下之推及子孫，是亦未來也。」曰：「此吾儒之所謂過去未來，非佛氏之所謂過去未來也。聖人第言其所謂過去未來，不言佛氏之所謂過去未來，何也？今不知佛氏之所謂過去未來有耶無耶？」曰：「不知也。請舉所知以質。域中有二大：道大，法大。道者何？綱常倫理是也，所謂『天敘有典，天秩有禮』，根乎人心之自然而不容或已者也。有如佛氏之説行，則凡忠臣孝子皆爲報夙生之恩而來，凡亂臣賊子皆爲報夙生之怨而來，反諸人心之自然而不容或已處，吾見了不相干也。於是綱常倫理且茫焉無所繫屬，而道窮矣。法者何？黜陟予奪是也，所謂『天命有德，天討有罪』，發乎人心之當然而不容或爽者也。有如佛氏之説行，則凡君子而被戮辱，皆其自作之孽，而戮辱之者非爲傷善；凡小人而被顯榮，皆其自貽之休，而顯榮之者非爲庇惡。揆諸人心之當然而不容

[一] 宗祠本作「迪」。

或爽處，吾見了不相蒙也。於是黜陟予奪且貿焉無所憑依，而法窮矣。道窮法窮，雖羲農堯舜復生，無以御天下。由此觀之，佛氏之所謂過去未來有耶無耶？無則非吾儕之所當言，有則必至於妨道妨法，非吾儕之所敢言也。子又何疑於聖人哉？」

易言「至日閉關」，書言「恭默思道」，詩言「不顯亦臨」，記言戒慎不睹，恐懼不聞，至李延平教人靜坐看喜怒哀樂未發作何氣象，又就中出一箇活機，此脫胎換骨語也。揆厥淵源，實自周子之主靜來。近乃有駁之者曰：「既是未發，有何氣象？」予謂曰：「這是古來一箇海上單方。君若信得過，便急急煉服，無論久近，定有靈效。如信不過，且好好珍藏，留待後人，莫得遽爾嗔謗，空爲有識所笑也。」

周子主靜，蓋從無極來，是究竟事。程子喜人靜坐，則初下下手事也。然而靜坐最難，心有所在則滯，無所在則浮。李延平所謂看喜怒哀樂未發氣象，正當有在無在之間，就裏得箇入處，循循不已，久之氣漸平，心漸定；獨居如是，遇事如是，接人如是，即喜怒哀樂紛然突交於前，亦復如是；總總一箇未發氣象，渾無内外寂感之別，下手處便是究竟處矣。

聖賢之論曰「無好名」，流俗之論亦曰「無好名」，然而在聖賢將以成就君子也，在流俗將以敗壞君子也。兩下用心，直是判然天淵，何得借用？抑有説焉。若是真君子，只受成就不受敗壞也，何者？堅不磷，白不緇也。此等處正好自考。抑又有説焉。若是真君子，其於敗壞也，無往而不得成就也，何者？他山之石，可以攻玉也。此等處全要自磨，彼嘵嘵者安足與之較哉！

「舉直錯諸枉則民服，舉枉錯諸直則民不服」，直明明是君子，枉明明是小人，亦何待分剖？只覺下箇「直」字、「枉」字更有力。何以言之？謂之直，必然是曰是，又能匡人之是；非曰非，又能匡人之非；獨立自信，略無些子依違者。此等人下面公論極歸向他，上面人最容易怪他，所以舉之爲難。謂之枉，必然是可爲非，又能阿人之非；非可爲是，又能阿人之是；曲意求媚，略無些子執持者。此等人，下面公論極鄙薄他，上面人却最容易愛他，所以錯之爲難。是故均之爲君子也，而其品不同。若一味清苦的、樸實的、忠厚的、謹飭的，縱是昏亂之時，還不至盡見廢棄。惟危言危行，敢於犯顔的，縱清明之時，亦往往取忤矣。均之爲小人也，而其等不同。若一味貪污的、虛浮的、苛刻的、恣肆的，縱是昏亂之時，還不至盡見寵任。惟諂言諂行，巧於阿指的，縱清明之時，亦往往被暱矣。乃知，概曰「用君子」，猶未有以見其用之之實也，必至連直者都用，方纔用得徹底，方纔喚得真能用君子；概曰「去小人」，猶未有以見其去之之實也，必至連枉者都去，方纔去得徹底，方纔喚得真能去小人。聖人下此二字，一則將君子小人之情推勘到纖毫含糊不得處，一則將時君世主之情推勘到纖毫矯强不得處，其指精矣。長國家者，誠於此一參證焉，所舉吾所好乎？民所好乎？所錯吾所惡乎？民所惡乎？孰爲直乎？孰爲枉乎？民服乎不服乎？自應惕然有省，豁然有悟，亦何至忠正是讎，邪媚是嬖，棄藥石而懷鴆毒，公然驅而納之危亡之中而莫之避也！

「啟予足，啟予手」，信口道來，形色天性，全盤擎出。會得時，只此便了，更有何事？會不得，自家身命尚没箇下落，説甚戰戰兢兢！

又曰「啟予足，啟予手」，此六字，言在意中，意在言外，最妙是不説破。如禪門便説破了，又如俗儒亦須説破。曾子兩邊不墮，可謂超然。乃知這箇話，正是懸手離足的真消息也。

「身體髮膚受之父母，不敢毀傷」，「父母惟其疾之憂」，「啟予足，啟予手」，此等話愈淺愈深，愈粗愈細，愈近愈遠，愈平愈有旨，須索理會始得。

曾子開口便說箇「啟予足，啟予手」，終之曰「而今而後，吾知免夫」。此四語首尾呼應，故註云「言其得免於毀傷也」，意甚分明。邇來說者以爲，此何但免於毀傷，直是證入無悟無修大休歇境界，永無如臨如履之懼耳。所以然者，一緣看得「免於毀傷」四字太草草，一緣看得「戰戰兢兢」太拘束了。也須知，戰戰兢兢，乃吾性體流行，没些子放鬆處；如臨如履，猶所謂「如見大賓」、「如承大祭」，而語加嚴切耳，非有所憂患恐懼之謂也。孟子曰「必有事焉而勿正心，勿忘勿助長」，「必有事」正是「戰戰兢兢」，「勿忘勿助」正是「必有事」，如此有何拘束？這便是箇大休歇也。陽明答舒國用書有曰：「灑落生於天理之常存，天理之常存生於敬畏之無間。」其義精矣，猶屬權說，若分而爲二然者。究其實，灑落原非放縱，乃真敬畏；敬畏原非把持，乃真灑落。如必免於如臨如履之懼，方稱大休歇，則是灑落必廢敬畏，敬畏必礙灑落，自古聖賢憂勤惕勵，汲汲一生，却成箇大勞攘矣。殆不其然。至所謂免於毀傷，談何容易！試思造化予我這兩手，豈僅僅要他能提能攜而已？與我這兩足，豈僅僅要他能趨能走而已？即爾世間林林總總，誰是毀傷者？須知免於毀傷是全歸，全歸是踐形，踐形是盡性。是故必與天地合其德，方纔那與天地同體的無墜無陷；必與日月合其明，方纔那與日月同體的無墜無陷；必與四時合其序，方纔那與四時同體的無墜無陷；必與鬼神合其吉凶，方纔那與鬼神同體的無墜無陷。論至此，又誰是不毀傷者？孟子曰「事親若曾子者可也」，予亦曰：守身若曾子者可也。味「可」之一字，只愁「免於毀傷」四字，了而未了，莫嫌了得這四字猶有所不足也！東坡譏伊川曰「何時打破這敬字」。愚謂近世如王泰州座下顔何一派，直打破這敬字矣。

邇來愛舉箇不學不慮，原是道性善本旨，有何可疑？但當初提這話頭，還有箇意思在。蓋緣世間人惟其悠悠蕩蕩，不肯去學則已，才去學便往往走入矜持把捉之中，反將自家的良能遮却；惟其莽莽撞撞，不肯去慮則已，才去慮便往往走入揣摩卜度之中，反將自家的良知遮却。有識者憂其然，以爲如是而學不如無學，如是而慮不如無慮。故特爲掃而去之，庶幾聞者因而求其所以，自應討出一條正當路頭耳。此其深切爲人處也。雖然，亦稍過矣。以矜持把捉爲學，正是不識「學」字，盍亦明告之曰奚而謂之學，可也；以揣摩卜度爲慮，正是不識「慮」字，盍亦明告之曰奚而謂之慮，可也。何必懲噎廢食乎？

程叔子曰「聖人本天，釋氏本心」，季時爲添一語曰「衆人本形」，意益了了。

尚解悟的不無露出箇脫灑相來，尚修持的不無露出箇莊嚴相來，這是習氣。尚解悟的聞説脫灑話便喜，聞説莊嚴話便厭；尚修持的聞説莊嚴話便喜，聞説脫灑話便嗔；這是習情。須盡數抛入大海洋中，莫留些兒影響方好。

小心齋劄記卷十　癸卯

或問春秋大旨。曰「春王正月」，已而又曰「天王使宰咺來歸惠公仲子之賵」，曰：「何言乎春王正月也？」曰：「這裏要看一『王』字。孔子嘗言之矣，『天下有道，禮樂征伐自天子出；天下無道，禮樂征伐自諸侯出。』及作春秋却表出一『王』字來，意豈不曰：『禮樂征伐自天子出即爲有道，自諸侯出即爲無道乎？』於是而書會、書盟、書聘、書伐，又豈不曰：『是果自天子出乎？抑亦非自天子出乎？』如此不特亂臣賊子，人人得而誅之者，無所復容，即桓文輩自詭能爲天子分憂捍難，有功於王室者，亦與亂賊同科，一切假仁假義之説，無所復施矣。這便是孔子撑乾拄坤，變無道爲有道的大規模。」曰：「何言乎天王使宰咺來歸惠公仲子之賵也？」曰：「這裏要看一『天』字。蓋天下有道，非天下自爲有道也，惟王帥之以有道則有道矣。天下無道，非天下自爲無道也，惟王帥之以無道則無道矣。故春秋特揆所出，提出一『天』字來，意豈不曰：『天下受命於王，王受命於天，能奉天即是帥之以有道，不能即是帥之以無道乎？』於是而書使宰咺書歸惠公仲子之賵，又豈不曰：『是果奉天而行者乎？抑亦悖天而行者乎？』循名責實，將無恧然而愧乎？誠知愧，將無惕然而懼乎？誠知懼，將無聳然而奮乎？然後一發念必慎，一施政必慎，而禮樂征伐悉稟承自天矣。然後諸侯莫敢擅於國，大夫莫敢擅於家，陪臣莫敢擅於室，而禮樂征伐悉稟承自天子矣。這便是吾夫子旋乾轉坤，變無道爲有道的大機括。故看得一『王』字明白，則知春秋正名定分之書也，所以告天下萬世之爲人臣子者也；看得一『天』字明白，則知春秋端本澄源之書也，所以告天下萬世之爲人君父者也。董子曰：『爲人君父而不通於春秋之義，必蒙首惡之名；爲人臣子而不通於春秋之義，必陷簒殺之罪。』得之矣！」

李延平初間是豪邁人，後來琢磨得與田夫野老一般，可謂十分細膩。這便是箇最善涵養氣質的樣子。呂東萊少褊急，一日誦論語「躬自厚而薄責於人」，平時忿懥，渙然冰釋，可謂十分果決。這便是一箇最善變化氣質的樣子。

子路問事鬼神，子曰：「未能事人，焉能事鬼？」問死，子曰：「未知生，焉知死？」謝上蔡問鬼神有無，程伯子曰：「待説與賢道没時，古人却因甚如此道？待説與賢道有時，又恐賢問某尋。」游定夫問「陰陽不測之謂神」，程叔子曰：「賢是疑了問，是揀難底問？語上之難久矣，聖賢於此等處，急切作何酬付？」只將一冷語，微微點綴，道是十分含蓄，却是十分泄漏！使學者驟而聞之，不覺妄想頓撤，窈然喪其翻飛馳騖之心；徐而繹之，又覺意味深長，當下便實實有箇理會處。假令是時，一意攔截，那邊滿腹疑團，何由打破？不然而瑣瑣爲之剖析曰如何如何，彼又將以口耳承之曰如何如何，兩下只成箇話柄而已，何從討出真消息來？故曰：夫子之不告，乃所以深告之也。

或問：「孔子言『不義而富且貴，於我如浮雲』，程子乃言『堯舜事業，亦如太虚中一點浮雲過目』，輕之甚矣！予竊疑焉。敢請。」曰：「此恐誤看了也。」曰：「應作甚麼樣看？」曰：「性太虚也，求其窮際，了不可得，即兩聖人能做得幾許？故曰『一點浮雲過目』，此正與『堯舜猶病』之説同。蓋謂堯舜事業不足以滿堯舜之心也，非謂堯舜之心置事業於分外，藐焉薄不爲意也。若作如是解，即兩聖人亦枉却一生辛勤，反不如巢許輩討便宜耳，失程子之指矣。」

又曰：「孔子浮雲富貴，富貴無常，吾性有常，不以無常易有常也。程子浮雲事業，事業有涯，吾性無涯，不以有涯概無涯也。兩下語意各有所指，說者乃混而一之，即堯舜事業，僅僅與不義之富貴等，豈不大謬？至無善無惡之說行，且並道德而浮雲之矣。嗟乎！浮雲富貴，見在我之有餘也，得之者爲能樂聖人之樂；浮雲事業，見在我之不足也，得之者爲能憂聖人之憂。若乃浮雲道德，竊恐既無可憂，又無可樂，其流未有不至於倡狂自恣者也。可不畏哉！可不畏哉！」

象山兄弟不肯濂溪之無極，又不肯橫渠之西銘，伊川不肯康節之易。獨朱子一一信而好之，且爲考訂釐正，推明其說，以遺來學，至以此取譏蒙訕，不容於世，曾不爲悔。試看此老是何等心胸！何等眼界！何等手段！

或問：「至誠前知，有待於禎祥妖孽等類乎？無待於禎祥妖孽等類乎？有待，不可言前知；無待，則何所據而知也？」曰：「禎祥，興兆也，非興本也，必有所以興者矣。妖孽，亡兆也，非亡本也，必有所以亡者矣。鬼神於所以處知之，故顯出箇禎祥妖孽；至誠於所以處知之，故曰如神；一也。只是禎祥妖孽等類，泛泛觀之，其狀顯，那箇不見；細細求之，其情微，那箇能見？即如成子受脤一節，成子不知也，成人亦不知也，獨劉子知之耳。又如邾子執玉一節，邾子不知也，邾人亦不知也，獨子貢知之耳。推而上之，蓋有劉子不知，子貢不知，獨至誠知之者矣。況乎福中藏禍，禍中藏福，塞翁之馬，邑人之牛，種種色色，變幻百端，豈尋常智慮所能一一而窺測耶？故至誠不待禎祥妖孽而後知，禎祥妖孽却必待至誠而後能知之也。」曰：「所以處是何物？」曰：「只是一箇理。這一箇理，徹顯徹微，徹近徹遠，徹常徹變，徹始徹終；不可以象言而象攝焉，洪纖高下莫能違也；不可以數言而數該焉，往古來今莫能違也。試看孔子序書，特存秦誓，分明知秦之當繼周而有天下。梁襄王問天下惡乎定，孟子答以定於一，分明知封建之當廢而郡縣。這等處，總只是參得一箇理透。此理徹顯徹微，至誠亦徹顯徹微；此理徹近徹遠，至誠亦徹近徹遠；此理徹常徹變，至誠亦徹常徹變；此理徹始徹終，至誠亦徹始徹終。所以洞乾坤於指掌，通混闢於呼吸，既非如陰陽家牽制象數，規規占算之間，狥其有定之粗跡，而迷其無定之圓機；又非如儒生家弁髦象數，概以爲不足憑，執其無形之渺談，而略其有形之實證也。若是者，人莫不詫而奇之，自至誠觀之，猶之權設而輕重自見，度設而長短自見，量設而多寡自見，鑑設而妍媸自見耳，何容心焉！却有一件可詫！自昔國家興亡，當其未然，無有不經人道破者，只其本人反不自知耳。即如今人做一事，其間或利或害，或成或敗，亦無有不經人覷破者，只其本人並不自知耳。及看他人，又原明白，如此則人人如神也，不亦異乎？」曰：「此理如何？」曰：「中庸説得極妙了，『至誠之道，可以前知』！不言人而言道，可味可味！蓋言人，則至誠之造，非聖人不能當；言道，即匹夫匹婦當其一私不著，便是至誠，既是至誠，便有可以前知之理。恒言云『當局者迷，旁觀者清』，豈不以當局者身在事中則有我，有我則有私，於利害成敗看得重，計慮横生，所以常迷；旁觀者身在事外則無我，無我則無私，於利害成敗看得輕，脱然不係，所以常清。假令當局者之心一如旁觀者之心，則亦無有不知者矣。此所謂『至誠之道，可以前知』也。」曰：「然則至誠與衆人何以異？」曰：「衆人前知，只是一箇天機偶然露巧；且其爲知也，亦但知之而已。至誠便有作用，無論在位與不在位，可爲與不可爲，到處有一副真精神，密密幹旋，非但知之而已也。」曰：「鬼神何如？」曰：「鬼神知其將興，爲顯出禎祥來，凡以鼓之舞之，使之益歆於善也；知其將亡，爲顯出夭孽來，凡以警之懼之，使之改其不善以復於善也。這便是鬼神的作用，只要人承受得。」

舜言「人心惟危，道心惟微」，是精一語；跖言「何適而非道」，是籠罩語。孟子曰：「欲知舜與跖之分，無他，善與利之間也。」舜於其間如此剖析，看毫釐處便已見有千里之懸，判爲兩路。跖於其間如此儱統，到千里處尚不見有毫釐之差，混爲一途。然則舜之所以孳孳善，跖之所以孳孳利，又在能辨與不能辨之間而已矣。

史際明曰：「宋之道學在節義之中，今之道學在節義之外。」誠然！予亦曰：「宋之道學在功名富貴之外，今之道學在功名富貴之中。」在節義之外則其據彌巧，在功名富貴之中則其就彌下，無惑乎學之爲世詬也！

李卓吾曰：「與其死於假道學之手，寧死於婦人女子之手。」卓吾平日議論往往能殺人，此語却能活人，吾不得以其人而廢之。

季時曰：「今人講學只是講學。」予曰：「何也？」曰：「任是天崩地裂，他也不管。」予曰：「然則所講者何？」曰：「在縉紳只是『明哲保身』一句，在布衣只是『傳食諸侯』一句。」予爲俯其首。

「食色性也」，「形色天性也」。兩下認取「性」字，各自不同，將來比方看，便不是！

「自誠明謂之性，自明誠爲[一]之教」，此不必深求，只就眼前體貼來便見。何者？觀夫人於有生之初，未琱未琢，滿腔子渾然一真而已。已而有所觸於目焉，便曉得視；已而有所觸於耳焉，便曉得聽；已而有所觸於口焉，便曉得言；已而有所觸於四體焉，便曉得持行；已而有所觸於心焉，便曉得是非可否。這喚做誠明。觀夫人於有生之後，形交物誘，往往不免受琱受琢矣。必其曉然於視也，而後所以主乎視者實爲我有，能不曠其目焉；曉然於聽也，而後所以主乎聽者實爲我有，能不曠其耳焉；曉然於言也，而後所以主乎言者實爲我有，能不曠其口焉；曉然於持行也，而後所以主乎持行者實爲我有，能不曠其四體焉；曉然於是非可否也，而後所以主乎是非可否者實爲我有，能不曠其心焉。這喚做明誠。「自誠明謂之性」，蓋天命之脈絡本如是，雖聖人無異於途人者此也。「自明

[一] 宗祠本亦作「爲」，中庸原文作「謂」。

誠謂之教」，蓋修道之究竟當如是，雖途人可進於聖人者此也。故曰「誠則明矣，明則誠矣」，更無二樣。

釋家有理障、事障之説，便是無善無惡的註脚。試看理是甚麼，唤他是障？或以情識認取，或以意念把捉，或以見解播弄，或以議論周羅，則有之矣。却是人障理，非理障人也。

或問佛氏大意。曰：「三藏十二部五千四百八十卷，一言以蔽之，曰：無善無惡。試閱七佛偈便自可見。」曰：「永嘉證道歌謂『棄有而著無，如舍溺而投火』，恐佛氏未必以無爲宗也。」曰：「只就無善無惡四字翻弄到底，非有别義也。」曰：「何也？」曰：「棄有，以有爲惡也；著無，以無爲善也。是猶有善有惡也。無亦不著，有亦不棄，則無善無惡矣。自此以往，節節推去，掃之又掃，直掃得没些子剩，都是這箇意頭。故曰：此只就無善無惡四字翻弄到底，非有别義也。」

「三分天下有其二，以服事殷」，非特文王爲然。書曰「惟十有三年，大會於孟津」，中庸曰「武王末受命」，然則十三年以後，文王尚在，安知不爲武王？由十三年以前觀之，武王亦文王也。孟津之會，天與人歸，不得已而應之耳，豈可因是而没其心哉？故概而贊之曰「周之德」。只味一「周」字，聖人之意曉然可見！

高存之曰：「陽明致良知即是明明德。」予曰：「然。朱子曰：『明德者，人之所得乎天，而虛靈不昧，以具衆理而應萬事者也。但爲氣稟所拘，物欲所蔽，則有時而昏，然其本體之明則有未嘗息者。學者當因其所發而遂明之，以復其初也。』即是致良知。一部傳習録只恁地看。」

又曰：「予始讀朱子此條，至『因其所發而遂明之』一語，竊疑之。明明德者，直當求之未發之前，何待發而後致力耶？已而悟其不然。此『發』字乃對『拘』字『蔽』字言，正本體之明有未嘗息處；拘且蔽則不能發，發則氣拘不得，欲蔽不得，忽然迸出也。不可將未發已發之發混看。蓋未發已發之發，是就一念之寂感説；因其所發之發，承有時而昏來，是就一念之通塞説。兩下不無小異耳。」

良能不學而能，概以不學而能爲良能又不得；良知不慮而知，概以不慮而知爲良知又不得。何也？「孩提之童無不知愛親也，及其長也，無不知敬兄也」，是固不學而能、不慮而知也。乃孩提之童，無不知甘食也，及其長也，無不知悦色也，是亦不學而能、不慮而知也。二者幾無以異矣。然而自愛親敬長充之，則爲聖爲賢，至於與天地同流。自甘食悦色充之，則爲愚爲不肖，至於違禽獸不遠。其究有天壤之判焉，夫豈得一一而良之？況乎知誘物化，日增一日，則甘食悦色，日熟一日。向之所謂不學不慮者，非惟無益而反有害。甘食悦色日熟一日，則愛親敬長日生一日，向之所謂不學不慮者，絶不見分毫之足恃也。今欲轉生爲熟，轉熟爲生，將必由學而入耶？抑亦可以安然無所用力而致耶？將必由慮而入耶？抑亦可以漠然無所用心而致耶？有志者，願細參之。

或問：「程伯子云：『生之謂性。人生而靜以上不容説，纔説性時，便已不是性也。』何如？」曰：「伯子此數語説得最玄。朱子曰：『不容説者，未有性之可言。不是性者，已不能無氣質之雜矣。』又解得最徹。有何可疑？」曰：「吾倩子下一轉語耳。人生而靜以上，形氣尚未用事，言性者正應於此指出源頭，何云不容説？纔説性時，誠不能無氣質之雜矣，乃其不雜於氣質者固自在也，何云不是性？」曰：「請姑借孟子四語爲君參之。『性也，有命焉』，緣人而遡之天，蓋自其超乎形氣之上者而言也，此可以闡不容説之指。『命也，有性焉』，推天而屬之人，蓋自其麗乎氣質之中者而言也，此可以圓不是性之指。」

或問：「聞之孔門有仁、聖兩宗，然否？」曰：「論語一云『何事於仁，必也聖乎』，一云『若聖與仁，則吾豈敢』，即此觀之，可見孔門委有仁、聖二宗也。」曰：「兩宗從何而分？」曰：「這裏甚難言，姑揣言之。聖其從太極發根乎？仁其從乾元發根乎？」曰：「乾元非太極歟？竊惟孔子贊易，首揭『乾元』二字，正指生天生地之本而言也。朱子僅以四德之仁當之，似只訓及後天之元，未訓及先天之元，埋没了生天生地之本矣。子何以亦云爾？」曰：「是固有說，然而非究竟義也。究竟則生天生地之本，當歸之太極耳。何也？就乾坤言，乾統坤者也，是故舉乾元便攝坤元，不必舍此别求太極。就乾元、坤元言，總之來自太極者也。是故太極無對，乾元便與坤元相對而成兩，元亨利貞又相對而成四矣。然則太極敦化也，元亨利貞川流也。乾元在敦化爲川流，在川流爲敦化，乃先天之後天，後天之先天也。君恐認乾元爲四德之仁，未免埋没了生天生地之本；予又恐認乾元爲生天生地之本，未免埋没了太極也。觀孔子於此將乾元與坤元並提，而繫辭傳特標太極於兩儀之上，亦可知已。故曰：從太極發根是聖，從乾元發根是仁，及其至一也。」曰：「既二之矣，奚其一？」曰：「仁有專言者，有偏言者。專言之仁，無對之仁也，屬乎先天，所以合於聖也；偏言之仁，有對之仁也，屬乎後天，所以分於聖也。箇中消息，要在默而識之，非思解可及也。」

小心齋劄記卷十一　甲辰

或問：「孟子道性善，允矣，奈氣拘物蔽何？」曰：「子目能視否？耳能聽否？口能味否？鼻能嗅否？手能持否？足能行否？」曰：「能。」曰：「若是則誰拘子者？」已而又曰：「子目之於視能辯妍媸否？耳之於聽能辯清濁否？口之於味能辯甘苦否？鼻之於嗅能辯香臭否？手之於持能辯輕重否？足之於行能辯平險否？」曰：「能。」曰：「若是，則誰蔽之者？」曰：「然則曷爲有堯舜蹻跖？」曰：「堯舜的耳目口鼻四肢，便是蹻跖的耳目口鼻四肢；蹻跖的耳目口鼻四肢，便是堯舜的耳目口鼻四肢。若謂這箇，一邊生成只會向好路上去，必不可轉而之邪；一邊生成只會向乖路上去，必不可轉而之正，是落地時人品便定了。殆不其然。」曰：「畢竟向好路上去便覺難，向乖路上去便覺易，何故？」曰：「難也不難，易也不易，只在子一念間。是故堯自堯也，舜自舜也，蹻自蹻也，跖自跖也，拘自拘也，蔽自蔽也，切莫冤三賴四，自討出路，自誤自家！到做得狼狽了，那時誰替你分疏？又誰聽你分疏？」曰：「然則朱子之説非歟？」曰：「何爲其然也！吾嘗譬之，性是主人翁，氣是客，欲是奴僕。主弱則客強，主暗則奴僕用事，然而主人翁固自在。朱子不云『本體之明有未嘗息者』乎？正爲子指點出主人翁。子第從這裏認取作起主來，所謂『一朝權在手，便把令來行』，縱是甚麼樣的氣質也應變化，縱是甚麼樣的物欲也應退聽。至此，豈惟不子拘，不子蔽，且各各出而爲子効疏附，奉奔走也。努力努力！」

程伯子識仁説至矣。予竊以爲，更參諸顏子「欲罷不能」、「欲從末由」兩案始盡，何則？學者未能識仁，其工夫猶或有作而有輟；既識得便覺無可歇手處，即欲不爲之防撿〔一〕，自不容不防撿，即欲不爲之窮索，自不容不窮索，所謂「欲罷不能」也。學者欲求識仁，其工夫必且有作而無輟，既識得反覺無可措手處，即欲爲之防撿，這裏却靠不得防撿，即欲爲之窮索，這裏却靠不得窮索，所謂「欲從末由」也。是故「不須防撿，不須窮索」，百尺竿頭事也。「欲罷不能」，「欲從末由」，百尺竿頭進步事也。箇中消息最微，切

〔一〕宗祠本作「檢」。

宜仔細着〔二〕眼！

伊川曰「性即理也」，此一語極説得直截分明，亙古亙今，攧撲不破，却亦有箇來歷。書云「惟皇上帝降衷於下民」，詩云「天生蒸民，有物有則」，曰「衷」曰「則」，非理而何？但不如拈出「理」字尤覺易曉了耳。朱子嘗言，「自程張氣質之説出，而後諸子紛紛之説息。」予以爲未也，别氣質於性則性明，溷氣質於性則性晦，猶在人善看。惟「性即理也」之説出，而後諸子更無所置其喙耳。

官輦轂，念頭不在君父上；官封疆，念頭不在百姓上；至於水間林下，三三兩兩，相與講求性命，切磨德義，念頭不在世道上，即有他美，君子不齒也。

史稱紂資辨捷疾，聞見甚敏，材力過人，智足以拒諫，言足以飾非。因思，此等人若肯回心轉念，要去爲聖爲賢，比諸常人，莫更容易在！惜乎！差了路頭，却做成古今第一大惡。

羅念庵先生曰「世間那有現成良知」，良知不是現成的，那箇是現成的？且良知不是

〔二〕宗祠本作「著」。

現成的，難道是做成的？此箇道理，稍知學者類能言之，念庵寧不曉得而云爾？只因人自有生以來，便日向情欲中走，見聲色逐聲色，見貨利逐貨利，見功名逐功名，勞勞攘攘，了無休息。這良知却擲在一邊，全然不採，有時覿面相逢，亦漠然不認。久久習熟，那一切後來添上的，日親日近，遂爾不招而集，不呼而應，反似見成；那原初現成的，日疏日遠，甚且嫌其能覺察我，能撿點我，能阻礙我，專務蒙蔽，反成胡越。於此有人焉，爲之指示本來面目，輒將見成情識冒作見成良知。這等亂話，豈不自欺欺人？於此又有人焉，提出箇「致」字，謂須着實去致，方得良知到手。輒又言，良知不慮而知，不學而能，本自現成，何用費纖毫氣力？這等大話，豈不自誤誤人？其爲天下禍甚矣！念庵目擊心恫，不得已，特開此口，以爲如此，庶幾聞者驟而笑，徐而訝，已而漸漸省發，證入身來：即今現成的是良知，不是良知？原初見成的即今還留在這裏，還丟在那裏？自將慚愧驚惶，食不安，寢不安，百計圖維，求復故物。於是亡者始可得而存，缺者始可得而完耳。存即存其所未嘗亡，完即完其所未嘗缺，謂是見成良知可也。以其由亡而存，由缺而完，謂是做成良知，亦可也。直所從言之異耳，無兩良知也。然則念庵言世間那有現成良知，正所以激發頑懦，破除狂誕，俾之實致良知也。其有功於陽明大矣！乃說者反因是疑其未透性也，豈不重孤負哉！

世間那有現成良知，猶言世間那有現成聖人。但說箇世間那有現成聖人，人只泛泛聽過，還覺意味短淺。說箇世間那有現成良知，人定要疑起來，既有疑，便須討出中間緣故。既討出中間緣故，便自住手不得，更覺意味深長也。

心齋一日出遊〔一〕歸，陽明問曰：「遊何見？」對曰：「見滿街人都是聖人。」陽明曰：「你看滿街人是聖人，滿街人到看你是聖人在。」又一日，董蘿石出遊而歸曰：「今日見一異事。」陽明曰：「何異？」對曰：「見滿街人都是聖人。」陽明曰：「此亦常事耳，何足爲異？」予惟，所以謂滿街人都是聖人，正謂滿街人都有現成良知爾。念庵却反其說曰「世間那有現成良知」。今觀陽明於心齋則以一熱語挑之，於蘿石則以一冷語掃之，固是陶鑄妙手，亦是稽弊深心。假令是時聞念庵之言，其必喟然歎曰：「吾與子也。」

就良知論，非特堯舜是現成的，即桀紂亦是現成的。然而一邊做了堯舜，一邊做了桀

〔一〕宗祠本作「游」。

紂，何也？吾人須於堯舜之所以爲堯舜，桀紂之所以爲桀紂處一查，方有省發。且就桀紂論，非特良知是現成的，即他彌天富貴，亦豈不是現成的？渠謂祭無益，謂暴無傷，又豈不是要安然坐享現成的？畢竟作何結果也！然則現成足恃乎？不足恃乎？可以觀矣。

告子曰「仁内也，義外也」，孟子曰「仁，人心也；義，人路也」，二語何以異？告子曰「彼長而我長之，非有長於我也」，程子曰「聖人之喜以物之當喜，聖人之怒以物之當怒，是則聖人之喜怒不繫於心而繫於物也」，二語何以異？然而出於孟子則是，出於告子則非；出於程子則是，出於告子則非，何也？只緣他認源頭處差耳。

吾於病中得兩神應方。陳惟濬臥病虔州，陽明謂之曰：「病物亦難格。」惟濬曰：「然。」陽明曰：「常快活便是功夫。」此如豁我以蘇苓。陳仲醇曰：「天下惟聖賢爲能收拾精神，其次英雄，其次修煉之士。」此如固我以參术。吾服之十年餘矣，大有奇效，蓋不特治病而已也。

或問：「陽明先生之揭良知何如？」曰：「此揭自是痛快，往往有駁之者，予不敢以爲然也。如曰『分別爲知，良知亦是分別』，似矣。竊謂分別非知，能分別者知也。認分別爲知，何啻千里！恐未有以折之也。如曰『知是心之發竅處。此竅一發，作善由之，作不善由之，如何靠得他作主』，似矣。竊謂知善知惡是曰良知，假令善惡雜出，分别何在？恐未有以折之也。如曰『所求者既是靈明，能求者復是何物？如以靈明求靈明，是二之也』，似矣。竊謂，即本體爲功夫，何能非所？即功夫爲本體，何所非能？果若云，孔子之言操心也，孰爲操之？孟子之言存心也，孰爲存之？俱不可得而解矣。恐未有以折之也。」曰：「傳習録中一段却自可疑，録云：『蘇秦張儀也窺見良知妙用，但用之於不善耳。』陽明言『良知即天理』，朱子亦云『良者，本然之善』。若二子窺見這箇妙用，一切邪思枉念都無棲泊處，如之何用之於不善乎？竊恐揆諸知善知惡之説，亦自不免矛盾也。嘗考鬼谷子有捭闔篇，捭者，開也，陽也；闔者，閉也，陰也。蘇張二子從鬼谷游，恰就這裏窺見箇妙處，將來作弄。如遂以此當良知，則何怪乎世之認識神爲良知，又何怪乎世之病良知也。」曰：「陽明看得良知無善無惡，故如此説。良知何病，如此説，恐未能無病。陽明應自有見，恨無從就正耳。」

或問：「人以無善無惡四字爲易簡之宗，子以無善無惡四字爲支離之祖，何也？」

曰：「夷善爲惡，銷有爲無，大費力在；善還他善，惡還他惡，有還他有，無還他無，乃所謂易簡也。」曰：「孟子道性善，更不能説性如何樣善，只道得箇『乃若其情則可以爲善矣，乃所謂善也』。可見，性中原無處着箇善，即今反觀，善在何處？」曰：「姑無問我善在何處，我且問公，即今反觀，性在何處？」曰：「處處是性，從何拈出？」曰：「如此，我且不必問公性在何處，公試爲我言性與善是一是二？」曰：「是一非二。」曰：「如此却説甚着不着？更有一問：人言目之性曰明，耳之性曰聰，信乎？」曰：「何也？」曰：「吾欲問公目中何處着箇明，耳中何處著箇聰？」曰：「能視色之謂明，明非色也；能聽聲之謂聰，聰非聲也，如何覓他着處？」曰：「是矣，是矣！公若認善做一件物，有色可視，有聲可聽，會須覓箇着處。若知善非色非聲，正應就不見不聞，默默體取，如何説性中無處着箇善？請借禪門一箇公案爲證。李江州問智常禪師曰：『教中所言須彌納芥子，渤即不疑，芥子納須彌，莫是妄談否？』智常曰：『人傳使君讀萬卷書，還是否？』曰：『然。』智常曰：『循頂至踵如椰子大，萬卷書向何處着？』而今若判得這公案，便自了了。」曰：「孟子畢竟不曾説性如何樣善，其故安在？」曰：「體用一原，顯微無間。七篇中何一句不説這箇？識者只嫌漏泄太甚，奚其云？」曰：「固是，但覺不曾指破源頭。」曰：「『盡其心者，知其性也。知其性，則知天矣。』待公究勘到此，再作商量未晚也。」或憮然而退。

或問：「大學之言獨也，曰『十目所視，十手所指』。中庸之言獨也，曰『莫見乎隱，莫顯乎微』。今之言獨也，曰『與物無對』。孰當？」曰：「繹十視十指之義，令人欲一毫自恣而不得；繹莫見莫顯之義，令人欲一毫自瞞而不得；繹與物無對之義，令人欲一毫自褻而不得，皆喫緊爲人語也。」

予往在都下見許敬菴，便自覺放處多；見李克菴，便自覺輕處多；見孟我疆，便自覺濃處多；見呂新吾，便自覺腐處多；見張陽和，便自覺偏處多；見鄧定宇，便自覺浮處多；見魏見泉，便自覺怯處多；見魏崑溟，便自覺低處多；見劉紉華，便自覺鬆處多；見孟雲浦，便自覺粗處多；見唐曙臺，便自覺躁處多；見趙儕鶴，便自覺局處多；見鄒大澤，便自覺淺處多；見李修吾，便自覺小處多；見姜養沖，便自覺嫩處多。今且二十餘年往矣，果能有瘳於萬分一乎？抑亦猶然故吾乎？日月如馳，衰病交集，静言思之，尚復何待？此予所爲寤寐反覆，而不敢以宴者也。

王荆公操行文章，種種過人，同時諸君子並相推重。其新法至今多採用之，特青苗等事似涉瑣屑，不無紛擾。則公令鄞時，亦嘗身親試焉。其行之善不善，實存乎人，猶未足重爲公病也。然而宋室之微，實自此始，何也？只是不小心之過耳。象山曰：「初裕陵得公，問唐太宗何如主？公對曰：『陛下當以堯舜爲法。』裕陵曰：『卿可謂責難於君。』及委以政，則曰：『須督責朕，使大有爲，勿虚歲月。』曾魯公曰：『聖知如此，安石宜殺身以報。』公曰：『君臣相與，各欲致其義耳。爲君則自盡君道，爲臣則自盡臣道，非相爲賜也。』秦漢而下，當塗之士有知斯義者乎？」是信然矣。試思，「天變不足畏，祖宗不足法，人言不足恤」，秦漢而下當塗之士亦有敢爲斯語者乎？前所云徒托諸空言，了無毫髮之補；後所云乃見諸事實，適爲自專自用者藉兵而齎糧，又不特禍宋而已。揆厥所由，只是一箇不小心，遂做成一箇無忌憚。此固千萬世相人國者之炯監也！

朱子揭格物，不善用者流而拘矣。陽明以良知破之，所以虚其實也。陽明揭致知，不善用者流而蕩矣。見羅以修身收之，所以實其虚也。皆大有功於世教。然而，三言原並列於大學一篇之中也。是故以之相發明則可，以之相弁髦則不可；以之相補救則可，以之相排擯則不可。

嘉靖乙卯順天鄉試，初場第一題論語仁以爲己任不亦重乎，第二題中庸必得其名必得其壽。於是典試官以聞肅皇，問徐文貞曰：「『仁以爲己任，不亦重乎』，下文云何？」文貞對曰：「『必得其名，必得其壽』」。肅皇大悦。造次酬應，妙捷如此，此老救時手段，亦可以覘其一斑矣！余少時，聞客談文貞立朝事，意不大滿公。已，讀丙寅遺詔，乃始嘆服。近復有語及此段者，益不覺爽然自失也。

或問：「聖人之不勉而中，即孩提之不學而能；聖人之不思而得，即孩提之不慮而知。信矣。論者又以爲不同，何也？」曰：「此亦有説在。」曰：「可得聞乎？」曰：「孩提不學而能，無有所撓之也；聖人不勉而中，則撓之而愈定矣。孩提不慮而知，無有所淆之也，聖人不思而得，則淆之而愈清矣。故不同也。且易言『百姓日用而不知』，詩言文王『不識不知，順帝之則』，這兩『不知』同乎？不同乎？」曰：「恐不同。」曰：「孩提之不學不慮，易之所謂不知也；聖人之不思不勉，詩之所謂不知也。以此而論，謂之不同也固宜。」

曰：「然則於其同可以識取本體矣，於其不同可以識取功夫矣。」曰：「如此看甚好！」

漢太僕杜密以黨禁歸里，同郡劉勝亦自蜀罷歸。密每謁守令，多所陳托。劉勝閉門掃軌，無所干及。太守王昱一日謂密曰：「劉季陵清高士，公卿多舉之者。」密知昱激己，對曰：「季陵位爲大夫，見禮上賓，而知善不薦，聞惡無言，隱情匿己，自同寒蟬。今者尚義力行之賢而密達之，違道失節之士而密糾之，使明府賞刑得中，令聞休揚，不亦萬分之一乎？」昱謝之，待密彌厚。余所識昆山兩賢曰：給練張可菴，儀部諸敬陽。張大類劉，諸大類杜，各成一局。然可菴有譽無謗，敬陽往往得謗。徐而察其得謗之由，率爲世道人心憤發其不平，因以取忤。丁長孺云：「崑山人受了敬陽的惠，敬陽受了崑山人的虧。」相對發慨，究竟亦何損於敬陽。敬陽每向予津津推可菴，歉然遜以爲不及。予謂此正敬陽之不可及處也，尤有不可及處。予嘗一日與敬陽從容語，因曰：「孔子才説箇『質直而好義』，便説箇『察言觀色，慮以下人』；才説箇『義以爲質』，便説箇『禮以行之，遜以出之，信以成之』。是何意思？」敬陽躍然而起，再三稱謝曰：「君愛我！君愛我！矢當服膺，無負忠告。」此予所謂尤不可及處也。

小心齋劄記卷十二　乙巳

或問性。曰：「不知也。」曰：「請誦所聞而子裁焉。易曰『大哉乾元，萬物資始。至哉坤元，萬物資生』，說得極精透。論語曰『人之生也直』，說得極斬截；又曰『性相近也』，說得極穩妥。明道曰『人生而靜以上不容說，纔說性時，便已不是性也』，說得極玲瓏。伊川曰『性即理也』，說得極實落。子以爲何如？」曰：「精透的委是精透，斬截的委是斬截，穩妥的委是穩妥，玲瓏的委是玲瓏，實落的委是實落；都是書裡載的，眼裡看的，口裡念的，耳裡聽的，若自家於此没箇理會處，有何交涉？故曰：『神而明之，存乎其人。』」

「群居終日，言不及義，好行小慧，難矣哉」，難其違盜賊不遠也。「飽食終日，無所用心，難矣哉」，難其違禽獸不遠也。聖人之鞭策人，未有刻迫如此者。

衛嗣君云：「嚬[一]有爲嚬，笑有爲笑。」此語甚可味！試反入身來，吾人日用間，要當視有爲視，聽有爲聽，言有爲言，動有爲動。若率意泛應，了無着落，只成一箇孟浪去，是所謂行屍走肉也。

陸象山讀書至「宇宙」二字，解者曰「上下四方曰宇，往古來今曰宙」，遂大悟，援筆書曰：「東海有聖人出焉，此心同，此理同也。西海有聖人出焉，此心同，此理同也。南海、北海有聖人出焉，此心同，此理同也。以至千百世之上，千百世之下，有聖人出焉，此心同，此理同也。」予讀之殊有省！已而思之，單提箇聖人，還覺上下四方往古來今之間有些子隔限在，反不如「滿街都是聖人」一言更爽。只是看作奇特，説得驚天動地，便會發狂。究竟不如「人皆可以爲堯舜」一言，最痛快又最實落，最激昂又最平穩；能使人當下識取自家面目，有勃勃興起，不忍薄待其身之心；又能使人當下識取堯舜面目，有欣欣嚮往，不肯自安於不如之意。真造化語也！

〔一〕宗祠本作「顰」。

予謂季時：「頃讀孔子與子路子貢評管仲二條，殊可疑。孔子僅於贊禹兩言『無間然』，於贊顔兩言『賢哉』，今於仲亦兩言『如其仁』，且仁之一字生平未嘗漫以許人，而獨許仲，何也？若曰取其功，則亦取其功而已，焉得而遽仁之？至云『豈若匹夫匹婦之爲諒也，自經於溝瀆而莫之知也』，反若不滿於召忽然者，何也？」季時曰：「此恐是齊人張大之辭，而托於孔子耳。舊傳有魯論語齊論語，或齊論語竄入魯論語中，未可知也。謂出自孔子，似乎不然。」予曰：「弟此意見得極直截！向來費許多氣力爲兩下分疏，到底分疏不下。輾轉葛藤，至此，一掃而盡。吾輩只如此看！可見，世間只有一條大路，更無旁蹊曲徑討得方便。」亦令胸中十分灑落也！

或問：「孟子道性善是矣，而曰『人之所以異於禽獸者幾希』，無乃但知人性之善，不知物性之善也？」曰：「君謂人與禽獸果無異乎？何以人能由仁義、行仁義，禽獸不能？人能爲堯爲舜，禽獸不能乎？且不聞『天地之性，人爲貴』乎？又不聞『天之所生，地之所養，惟人爲大』乎？爲此言者，其亦但知人性之善，不知物性之善乎？而獨於孟子乎吹求也！且人爲貴則物爲賤，人爲大則物爲小，此誠判人與禽獸相遠之辭也。

玩『幾希』二字，是表人與禽獸相近之辭也。蓋緣世人，期之以聖賢則愕然而駭，避之而不敢承，既看得自家太卑；律之以禽獸，則咈然而怒，推之而不肯受，又看得自家太高。故孟子於此不遽言人之異於禽獸，而必推言人之所以異於禽獸；又不顯言人之所以異於禽獸者如之何如之何，而但微言人之所以異於禽獸者幾希，使之自思而自悟焉，庶於此識得兩下界限所爭不多。若不肯爲聖爲賢，便應爲禽爲獸；若不肯爲禽爲獸，定須爲聖爲賢，中間更無站立處耳！是則孟子重爲人慮，惟恐其無以下別於禽獸，因拈『幾希』二字，特相悚動。君乃重爲禽獸慮，惟恐其無以上同於人，且礙『幾希』二字，並欲破除，兩下用意正迥然懸絶，安得相提而論？」曰：「畢竟禽獸之性是善非善？」曰：「君姑就孟子所論山木麰麥等處求之，當自有見。」

對朋友之時多，對妻孥之時少，便日益；對朋友之時少，對妻孥之時多，便日損。

君以擇相爲要，相以正君爲要，乃其喫緊處，總之不出於用人。唐虞三代，莫不由茲。降至戰國，猶有知其義者。蓋古先之流風遺韻遠矣。魏文侯謂李克曰：「先生有言：『家貧思良妻，國亂思良相』。今所置非成則璜，二子何如？」對曰：「居視其所親，富視其所與，達視其所舉，窮視其所不爲，貧視其所不取，五者足以定之矣。」文侯曰：「先生就舍，吾之相定矣。」李克出，翟璜曰：「聞君召先生而卜相，果誰爲之？」克曰：「魏成。」璜忿然曰：「西河守吳起，臣所進也；君内以鄴爲憂，臣進西門豹；君欲伐中山，臣進樂羊；中山已拔，無使守之，臣進先生；君之子無傅，臣進屈侯鮒。以耳目之所睹記，臣何負於魏成？」克曰：「成食祿千鐘，什九在外。是以東得卜子夏田子方段干木，此三人，君皆師之。子所進五人，君皆臣之。子惡得與成比也！」璜再拜，願卒爲弟子。此千古君人者論相第一義也。趙烈侯好音，謂相國公仲連曰：「鄭歌者槍石二人，賜之田人萬畝。」連諾而不與。烈侯屢問，連稱疾不朝。番吾君謂連曰：「君實好善而未知所持，公仲亦有進士乎？」連曰：「未也。」曰：「牛畜荀欣徐越皆可。」連進之。畜侍以仁義，烈侯逌然。明日，欣侍以舉賢使能。明日，越侍以節財儉用，察度功德。所與無不充，君説，謂連曰：「歌者之田且止。」以畜爲師，欣爲中尉，越爲内使，賜連衣二襲。」此千古相人者格君第一義也。漢唐以來，上未嘗無賢君，下未嘗無良相，試以此按而求之，幾成絶響矣。故特表而出之，以附於孔子録秦誓之義。

或問：「樊遲問仁，子告之愛人；問智，子告之知人。愛則無分別，知則有分別。及其未達，又告之『舉直錯諸枉，能使枉者直』，是有分別正所以成其無分別也。近來説者往往尚渾含而厭分別，將無邊見？竊惟吾性萬善咸備，仁主惻隱，義主羞惡，禮主辭讓，智主是非，此理一色平鋪，只看外面如何感，内面即如何應，何容揀擇？有如尚渾含而厭分別，便掃却是非，既掃却是非，便於所性之中裁去其一也。然則仁義禮俱是而智獨非歟？竊恐世之所謂分別猶是支離於事物，茲之所謂分別乃至支離於心體矣，非吾所知也。」曰：「此爲世之物我障重、是非太苛者，下一針耳。竊亦願有商焉。當其未感，不見可是，誰與之是？不見可非，誰與之非？謂之無是非也，不亦可乎？」曰：「可。」曰：「當其既應，是者逝矣，是於何存？非者逝矣，非於何存？謂之無是非也，不亦可乎？」曰：「可。」曰：「當其正感正應，因可是而是之，是不在我也；因可非而非之，非不在我也。謂之無是非也，不亦可乎？」曰：「可。」曰：「允若茲，向者子以爲不可，何也？」曰：「允若茲，惻隱、羞惡、辭讓、是非，何莫不然？今不曰無惻隱、無羞惡、無辭讓，而獨曰無是非，明明貴渾含而賤分別，於所性之中裁去其一也，奚其可？」曰：

「孔子不云『無可無不可』乎？」曰：「孔子之意，正謂可以伯夷叔齊則伯夷叔齊，可以柳下少連則柳下少連，可以虞仲夷逸則虞仲夷逸，與時偕行，不主一見，故曰『無可無不可』也。若貴渾含而賤分別，正是有可有不可也，乃得附於孔子乎？」曰：「固也。惟是貴渾含而賤分別，亦屬厚道，似不必過爲吹求耳。」曰：「埋藏君子，出脱小人，都從這裏做出，何云厚乎？」曰：「然則大舜隱惡而揚善，何如？」曰：「善則揚之，惡則隱之，此正渾含中分別，分別中渾含，聖人虚融無我之妙用也。至於舉十六相，擯四凶，且並其惡而揚之，不概爲之隱矣。此又内秘渾含，外現分別，聖人礪世磨鈍之大權也。吾輩於此切宜隨處體察，不可執一端爲定式也。」予起而謝曰：「此至論也，命之矣。」

或問：「象山先生曰：『夫子問子貢：女與回也孰愈？子貢曰：賜也何敢望回！回也聞一以知十，賜也聞一以知二。此又是白著了夫子氣力，故夫子復語之曰『弗如也』。時有姓吴者在坐，遽曰：『爲是尚嫌少在。』象山因語坐間有志者曰：『此説與天下士人語，未必能曉，而吴君通敏如此，雖諸君有志不能及也。』然否？」曰：「象山此論，以警世之誇多鬥靡者則善矣，而實不然，只緣看『一』字『二』字『十』字欠活也。蓋此三字，乃假借數目形容見地圓缺之辭，今便實作數目看，因有多少之説。註云：『一者，數之始。十者，數之終。二者，一之對也。』方是子貢本旨。故聞一知十，無對之知也，了悟也，所謂『一以貫之』者也；聞一知二，有對之知也，影悟也，所謂『億則屢中』者也。子貢於此，直是將顔子與自家兩人真面目描出呈上夫子。今曰子貢尚嫌少在，然則象山尚嫌多在也。尚嫌少在，知二誠不如知十；尚嫌多在，知十反不如知二矣，奚其可？總之是看『一』字『二』字『十』字欠活也。」曰：「知十知二，必有箇源頭在。陽明云：『子貢多學而識，在聞見上用功，顔子在心地上用功，故聖人問以啟之。而子貢所對，又只在知見上，故聖人嘆惜之，非許之也。』最説得好。」曰：「註中亦自點破：『顔子明睿所照，即始見終；子貢推測而知，因此識彼。』曰『明睿』，便是從心地上透出來；曰『推測』，便是從知見上攙入來，正與陽明之説相表裏。第謂『弗如』三語，是聖人歎息之意，恐又不然。聖人無誑語，説箇『堯舜猶病』，即實實堯舜猶病；説箇『非爾所及』，即實實非爾所及；説箇『吾與女，』即實實吾與女」。曰：「『賜也賢乎哉？夫我則不暇。』如之何？」曰：「味語意，與此迥然不同，恐不得援以相證也。」曰：「子貢既未能反到源頭，何爲而與之？」曰：「此自有説。吾輩試默默體察，其於自家往往只見長處不見短處，還能自知否？其於人往往只見他短處不見他長處，還肯自屈否？這兩箇病痛，淪肌浹髓，古往今來，脱得的有幾？乃子貢既能自知，又肯自屈，這是第一好根器，安得而不與？即如顔子之於孔子，『步亦步』，『趨亦趨』，『既竭吾才』，猶以爲從之末由也，只是箇自知；其『以能問於不能，以多問於寡，有若無，實若虚，犯而不校』，也只是箇自屈，便依稀趕上孔子。子貢根器爾爾，又何患不趕上顔子？故曰：『弗如也，吾與女弗如也。』言弗如，乃所以如之也。」曰：「何不遂將知十、知二源頭説破，使他好用功？」曰：「看來這件事有箇時據。孔子要接引子貢的心腸，恨不立地成聖，却亦忙不得。『賜也，汝以予爲多學而識之者與？非也，予一以貫之。』到此方説破矣。所謂時也。昔香巖問溈山如何是西來意？溈山不答。一日擊竹有悟，乃稽首遥拜曰：『若令當時説破，寧有今日？』此意最好！儒家却大段鹵莽在。」

或問：「不思之謂神，不勉之謂化，性體原是如此，聖人之盡性亦是如此。竊以爲學者起因結果，都應不出不思不勉四字。子於此屢有推敲，何也？」曰：「君謂不思者自能不思乎？不勉者自能不勉乎？當必有箇來脈矣。君謂不思者貴其不思而已乎？不勉者貴其不勉而已乎？當必有箇落脈矣。中庸曰『誠者不勉而中，不思而得』，誠是來脈；曰『中』曰『得』，是落脈。要而言之，來脈處即脈落處，此所謂性體也。是故尋着來脈方好入脚，不然縱要不思不勉，如何强得？向落脈上勘明方好住脚，不然縱能不思不勉，亦有何用？試看告子『不得於言，勿求於心』，分明是箇不思；『不得於心，勿求於氣』，分明是箇不勉。如此，告子分明是箇聖人。無論孟子，即孔子未到從心時，還須讓他三舍。然而證諸性體，天地懸隔，何也？緣他只認得不思不勉是性，不認得善是性，竟作空頭賬耳。由此觀之，君將就不思求不思乎？抑亦就所以不思求不思乎？將就不勉求不勉乎？抑亦就所以不勉求不勉乎？恐不可不一加推敲也。」曰：「信哉！世以不思不勉爲作聖之因，今子直勘到不思不勉之來脈處，是因上説因也。世以不思不勉爲入聖之果，今子直勘到不思不勉之落脈處，是果上説果也。惟因上説因乃爲真因，亦惟知真因，乃可與起因。惟果上説果，乃爲真果，亦惟知真果，乃可與結果。然則善言不思不勉者，未有如子者也！予疑之，過矣過矣！」

或問：「子以『小心』名齋，必有取爾也。乃劄中並未嘗及此二字，曾一處及之，予又不能無疑。敢請！」曰：「吾所言無非此二字，只是不曾牽名道姓耳。試體之，便見。今試爲我舉所疑。」曰：「『無可無不可，是孔子小心處』，作何解？」曰：「可者因而可之，聖人未嘗敢自有其可也；不可者因而不可之，聖人未嘗敢自有其不可也。這是甚麼樣小心！若不聞之乎？『君子之中庸也，君子而時中。小人之中庸也，小人而無忌憚也。』時中與無忌憚，只在幾微間耳。予嘗謂鄉黨一篇，章章是箇小心圖，末條拈箇『時』字，正所謂無可無不可也。『吾十有五』章，却是箇小心訣。」曰：「何也？」曰：「此章要看第一句『學』字，末一句『矩』字，兩字首尾呼應，最可味。是故謂之學，便見雖聖人，亦不敢一毫自家主張，知有矩而已矣；謂之矩，便見雖聖人亦不敢一毫違他主張，知有學而已矣。豈不是箇小心訣？」曰：「天命云何？」曰：「臣受命於君，子受命於父，人受命於天。不知有君，不可以爲臣；不知有父，不可以爲子；不知有天，不可以爲人。詩云『小心翼翼，昭事上帝』，此之謂也。」曰：「小心是箇敬。聞之程子之言敬曰『主一無適』，謝上蔡之言敬曰『常惺惺法』，尹和靖之言敬曰『其心收斂，不容一物』，似説得甚精。」曰：「總不出小心二字，此二字亦何嘗不精！且執塗之人而告之曰『主一無適』，曰『常惺惺法』，曰『其心收斂，不容一物』，正恐茫然。有如告之曰『小心』，誰不曉了？及其至，即堯舜猶病。此最易知，最易能，又最無窮盡者也。」曰：「世儒放膽多矣，提出這二字，正對病之藥。」曰：「這是百草中一粒靈丹，不論有病無病，都少他不得。而今須要實實調服，莫只把來做箇好方子，隨口説過，隨手抄過，却將自家死生放在一邊也。」

或問：「近世好爲新説，即一部四書幾於另換一番面目。有來語者，子往往收之，何也？」曰：「道理只論是非，不論同異。但於道理無礙，縱横曲直，皆足以爲吾用，何須執一？」曰：「獨於『無善無惡』四字辨之諄諄，何也？」曰：「這是大頭腦所在，如何放過得？」曰：「陽明與錢王二公證無善無惡之説於天泉橋上，而曰：『汝中所見，我久欲發，恐人信不及，徒增躐等之病，故含蓄到今。此是傳心秘藏，顔子明道所不敢言者，今既已説破，亦是天機該發泄時，豈容復秘？』及至洪都，鄒東廓歐陽南野諸門人來謁請益，陽明曰：『軍旅匆匆，從何處説起？吾有向上一機，久未敢發，以待諸君之自悟。近被汝中拈出，第往浙相與質之，當有證也。』陽明非無見者，何爲云爾？」曰：「此非予之所能知。竊嘗稍涉内典，才開卷便都是這箇話頭。且無論西土二十八祖、東土六祖，暨五宗諸大善知識，即聲聞影附之流，亦看作家常茶飯一般。乃今贊歎張皇一至於此，宜彼之藐視儒門也。」

小心齋劄記卷十三　丙午

吾讀易而得窮理之説焉。合之，自乾至未濟，同一體也；分之，自乾至未濟，各一用也，不相假借，不相侵越，不相攙和，不相牴牾。窮理者應作如是觀。吾讀易而得博約之説焉。乾剛坤柔也，坎實離虚也，艮靜震動也，巽伏兑見也。一分而二，體則通貫；二合而一，功則夾持。博約者應作如是觀。

六十四卦，三百八十四爻，一一都是太極的影神。

或問：「乾之彖言『首出庶物』，乾之象又言『群龍無首』，何也？」曰：「當以中庸爲證。中庸言『天下之至聖』，至於『凡有血氣者莫不尊親』，是謂首出；言『天下之至誠』，至於『苟不固聰明聖智達天德者，其孰能知之』，是謂無首。」

文王之八卦，離南坎北，是用河圖。其六十四卦，上經首乾坤，「天地定位」也；下經首咸恒，「山澤通氣，雷風相薄」也；終坎離，終既濟未濟，「水火不相射」也。是用先天圖。

乾之六爻莫善於潛，然不可擇而趨也；莫不善於亢，然不可畏而避也。惟其時而已矣。故曰：「見群龍無首，吉」。

乾，天道也，其在於人則誠者之事也，而曰「終日乾乾，夕惕若」，是就本體點工夫。坤，地道也，其在於人則誠之者之事也，而曰「直方大，不習，無不利」，是就工夫點本體。

論語堯曰篇曆敘堯舜禹湯武之事，而以孔子之論五美四惡繼焉。惟孔子亦曰「文王既没，文不在兹乎」。然則道統之説，有自來矣。或者以爲始於孟子，殆非也。

或問程子識仁説。曰：「仁之爲道，最精微，最廣大。孔子贊易，特揭乾元、坤元，而曰『元者善之長也』，又曰『天地之大德曰生』，其與門弟子言，獨於仁最爲亹亹。至孟子，亦曰『夫仁，天之尊爵，人之安宅也』。可見，仁乃五常之首，義禮智信對他不過。顧其所以爲五常之首者，正以其包義禮智信也。學者不知求仁，而徒規規焉從事於義禮智信之間，誠不免於粗狹。若知求仁而遂視義禮智信爲粗且狹，外之而不屑焉，將必有溫柔無剛毅，有寬裕無謹嚴，有茹納無分辨，有流通無專一。是乃狥仁之偏而略其全，襲仁之影而遺其實。即其所見以爲精者亦屬渺幽，適足以便人之遁藏而非真精；其所據以爲大者亦屬漭蕩，適足以供人之假借而非真大。是爲仁之賊而已矣。故程子拈出『識仁』二字，欲人尋見自家本來面目。其曰『仁者渾然與物同體，義禮智信皆仁也』，則又欲人尋見仁之本來面目也。其旨深矣！」

知有仁，不知有義禮智信，這仁便是淹搭的，没些子骨氣，亦便非仁之本色。知有義禮智信，不知有仁，這義禮智信便是硬燥的，没些子生意，亦便非義禮智信之本色。

羞惡失而爲頑鈍，恭敬失而爲脱略，是非失而爲調停，真純失而爲浮漫，羞惡流而爲矯激，恭敬流而爲矜持，是非流而爲徼察，真純流而爲固滯。

善與惡相爲貞勝，不並立者也。從上聖賢勤勤懇懇發明性善，正欲壓倒一惡字。今也並欲壓倒一善字。壓倒一惡字，惡字不得出頭；壓倒一善字，善字亦不得出頭矣。惡之來也，其萌甚微，賴有善以密消之耳。惡之發也，其力甚猛，賴有善以顯制之耳。誠使善不得出頭，其亦何所不可爲哉！昔宋范純仁或譏其好名，純仁喟然歎曰：「人若避好名之嫌，則無爲善之路矣。」竊謂，無善無惡之説，則人又當避爲善之嫌矣，不知是何路而可也！

如何得無欲？龜山先生門下相傳教學者看喜怒哀樂未發前氣象，此爲入門；「富貴不能淫，貧賤不能移，威武不能屈」，此爲升堂；「毋意，毋必，毋固，毋我」，此爲入室。

有欲低，無欲高；有欲垢，無欲淨；有欲軟，無欲剛；有欲煩，無欲簡；有欲忙，無欲閑；有欲險，無欲穩；有欲牽纏，無欲撇脱；有欲凝滯，無欲圓通。箇中妙處，難以言述。

早來思「無欲」二字最妙。無欲則虚，虚不窒矣。無欲則清，清不溷矣。無欲則剛，剛不屈矣。無欲則簡，簡不勞矣。無欲則静，静不擾矣。無欲則高，高不俗矣。

衡齊駁物理之説，謂天地萬物都無理可窮，而又力排「人心無理」四字，縷縷殆千萬言。余再三檢繹，竟不知此四字出自誰氏也。

白沙先生以自然爲宗，近世儒者皆宗之，而不思不勉之説盈天下矣。不可道他不是，只要識得。自然何也？天理也。行乎天理之不得不行，止乎天理之不得不止，所謂自然也。孟子説得好：「所惡於知者，爲其鑿也。如知者若禹之行水也，則無惡於知矣。禹之行水也，行其所無事也。如知者亦行其所無事，則知亦大矣。」禹嘗鑿龍門，鑿伊闕，鑿大行矣，如何反説他不鑿？此其間不爲不多事矣，如何反説他無事？孟子又説得好：曰「禹之治水，水之道也。」夫如是，禹曷與焉？故其鑿也，乃所以爲不鑿也；其有事也，乃所以爲無事也。此自然之説也。是故不思而得，不勉而中，自然也。未能不思而得則有思，未能不勉而中則有勉，其思其勉都是自家真箇要求出頭，不容自已。如有癢要搔，如有痛要護，亦自然也。知不思不勉之爲自然，而不知思勉之爲自然，此只從思不思、勉不勉處較量，而未及勘到所以思不思、所以勉不勉處也。故湛甘泉又拈出「隨處體認天理」一語，正發明自然之説也。中庸曰：「或生而知之，或學而知之，或困而知之，及其知之，一也。或安而行之，或利而行之，或勉強而行之，及其成功，一也。」一者，何也？正所謂天理也。聖人就後天拈出先天，將人間世許多等級一齊掃蕩，豈不是造化手？「或生而知之，或學而知之，或困而知之」；「或安而行之，或利而行之，或勉強而行之」。向看作三樣人，今看來，只一人身上便有此三樣。人之言曰：「世間愚夫愚婦，亦箇箇是生知，箇箇是安行。」予則曰：「自古大聖大賢，亦箇箇是學知利行，箇箇是困知勉行。」須如此看方盡！若只見得一邊，將來不墮安排，必落放蕩，恐於這六箇「之」字，了無干涉。

或問：「中庸戒懼慎獨是一段事，是兩段事？」曰：「謂之戒慎不睹則無所不戒慎，謂之恐懼不聞則無所不恐懼，已包却慎獨在其中矣。而又言慎獨者，乃就中點出一箇動靜關也。如論語言『君子無終食之間違仁』，已包造次、顛沛在其中矣。而又言『造次顛沛必於是』者，乃就中點出一箇閑忙關、順逆關也，若曰：『須透過這動靜關，然後成得箇戒慎不睹、恐懼不聞；須透過這閑忙關、順逆關，然後成得箇無終食之間違仁也。』於此看作兩段事固繆，於此看作一段事，恐亦未能識聖賢喫緊提撕之意也。」

獨，内境也，人所不知，最易躲藏。造次、顛沛，外境也，人所共見，最難矯飾。須要一一自查，不可待人來查我也。

與物無對，狀獨之爲至尊也；十視十指，狀獨之爲至危也。其義皆精，惟是獨知之説，尤覺親切，而二義亦兼焉。蓋一掬烱然，内不落安排，外不落色相，正所謂與物無對。而自心自照，善也無從而著，惡也無從而掩，正所謂十目十指。是故，專以天命之性爲與物無對而言獨者，但説得體之渾然、莫視莫指處，未説得用之顯然、可視可指處。兹乃體中之用，無對之跡，有對之朕，至尊而至危者伏焉。其於防閑最難，一則可懼！專以肺肝之見爲十視十指而言獨者，但説得用之顯然、與物爲對處，未説得體之渾然、與物無對處。兹乃用中之體，無指視之人，有指視之我，至危而至尊者臨焉。其於覺察最易，一則可喜！此予所以重有味乎獨知之説也。

告子曰「不得於言，勿求於心」，孟子要知言；告子曰「不得於心，勿求於氣」，孟子要養氣。告子不論得不得，只論求不求；孟子不論求不求，只論得不得。今人只要掃去「求」字，正告子一脉〔一〕；不肯認箇不得，此又出告子下矣。

或問：「朱子云，『心者，人之神明，所以具衆理而應萬事者也』，『知者，心之神明，所以妙衆理而宰萬物者也』。何以不屬宰物於心，屬應事於知？」曰：「此自有説在。心

〔一〕 宗祠本作「脈」。

與知一而二，二而一者也。心統性情，具衆理。性也，心之體也；知則在體中爲用，故以妙衆理言之。應萬事，情也，心之用也；知則在用中爲體，故以宰萬物言之。如此體認，可見此老下語十分精密，真是一字不可移動！」

或問大學。曰：「曾子不云乎，『夫子之道，忠恕而已矣』。一部大學只如此看。」曰：「何也？」曰：「誠意、正心、修身，忠也；齊家、治國、平天下，恕也；格物，其入門也；至善，其極則也；物格，則知致矣。知本之如何而爲本，則知何以盡己之性；知末之如何而爲末，則知何以盡人之性。於是意可誠，心可正，身可修，家可齊，國可治，天下可平，而至善在我矣。故曰：『吾道一以貫之』。」

學而不厭，忠也；誨人不倦，恕也。孔子一生精神血脈，等閒爲曾子拈出。大學一書，只是因而寫成。

只看本末二字，血脈自然貫通；只看本末二字，條理自然明白。

謂之本，便該著末；謂之末，便跟著本，如何分得？然而謂之本，便不可以末視之矣；謂之末，便不可以本視之矣，如何混得？

墨子狥末而忘本，非明德之親民也；楊子狥本而遺末，非親民之明德也；子莫執中，又將本末作平等看，非至善之明德、親民也。楊墨知分殊，不知理一；子莫知理一，不知分殊。其失均也。

墨子悲絲，楊子泣岐，子莫躊躇二子之間，這一腔精神十分懇切。渠何嘗不要誠意、正心、修身？亦何嘗不要齊家、治國、平天下？只緣本末上未曾參透，其流便至無父無君，孟子且推而等諸洪水夷狄。差之毫釐，謬以千里，豈不信哉！此大學之格物所以爲入門第一義也。

且無論楊墨子莫，聖如伯夷也只成得一箇清，聖如柳下惠也只成得一箇和，聖如伊尹也只成得一箇任。夫何故？只緣格物上有些子未徹在。故曰：「智，譬則巧也；聖，譬則力也。由射於百步之外也，其至，爾力也；其中，非爾力也。」

或問：「理與氣一乎？」曰：「『形而上者謂之道，形而下者謂之器』。」曰：「然則理與氣二乎？」曰：「『一陰一陽之謂道』。」

有味乎孟子尚友之説，此中一段精神，便須直透到天地初分，萬物初生之時！有味乎孟子立命之説，此中一段精神，便須直透到天地未分，萬物未生之時！

或問：「孟子云『盡其心者知其性也』，似從性上得手；下條先言有心，後言養性，又似從心上入手，何也？」曰：「心有爲也，性無爲也。論本體，有爲者必須得無爲者爲之張主，故知性乃能盡心；論功夫，無爲者必須得有爲者爲之效靈，故存心乃能養性。横説是一樣，豎説是一樣，要看得圓。」

小心齋劄記卷十四　丁未

無善無惡四字，上之收了一種高曠的人，下之收了一種機巧的人。惟存下中行收他不得，只是此種人最少，不比那二種人多。又有一種庸常的人，亦收他不着，只是没用處，不比那二種人，都有一段精神聳動得人。以故，彼之勢日强日熾，此之勢日孤日微，不知將來何所底止耳。章文懿公曰：「學術去程朱未久，又大壞。必須真聖賢出，方能救得。」知言哉！

或問：「子有惑於無善無惡之説也，易不云『無咎無譽』乎？禮不云『無非無儀』乎？」曰：「『無咎無譽』，坤道也，乾則否。『無非無儀』，婦道也，丈夫則否。」

祁夷度明府與予商無善無惡之説，曰：「與無聲無臭何如？」予曰：「畢竟是同。」他日過吳門，再舉此話，予曰：「向所云，尚有箇因緣在。往雲間錢肇陽謂予曰：『子於無善無惡亟擯之，何於無聲無臭又信之？』予曰：『公以爲兩言同耶？』肇陽曰：

『同。』予曰：『無聲無臭，儒宗也；無善無惡，釋宗也。如無善無惡有加於無聲無臭之上也，誠宜以無善無惡爲宗矣。如其同也，又何必舍無聲無臭而豔他宗乎？況乎無善無惡，須借無聲無臭作註脚而後分明，無聲無臭却不待取證於無善無惡也。由此觀之，兩言亦有辨矣。吾儕宜何從焉？』故肇陽之言同，將以無聲無臭伸無善無惡也。予之言同，將以無聲無臭掃無善無惡也。此意稍有不同，會須道破。試爲質諸海門先生，何如？」

鄒孚如曰：「二氏之學，賢者務之，務之非也；其遺世累，離情欲，不可廢也。亦惟賢者辟之，辟之非也；必其遺世累、離情欲，乃能辟也。」此語最平！

或問：「朱子於格物添一『理』字，陽明於致知添一『良』字，將無蛇足？」曰：「知原是良，物原是理，兩先生特與拈出耳，奚其添？」

羅近溪以顏山農爲聖人，楊復所以羅近溪爲聖人，李卓吾以何心隱爲聖人。何心隱輩生在利欲膠漆盆中，所以能鼓動得人，只緣他一種聰明，亦是有不可到處。耿司農擇家童四人，每人授二百金，令其生殖。內有一人嘗從心隱問仙，因而請計。心隱授以六字，曰「一分買，一分賣」，又益以四字，曰「頓買零賣」。其人尊用之，起家至數萬。試思心隱兩言，豈不至平易，至巧妙！以此處天下事，可迎刃而解。假令正其心術，固是一有用才也。

子桑原壤是一路人，孔子一可之，一賊之，何故？子桑離塵絶俗，孤行一意，方諸汶汶者流，相去遠矣，特不可以治天下國家耳。聖人安得而過疵之？至如原壤，母死而歌，滅理傷教，不可訓也。故特借其夷俟一節，深致外之之意焉。其曰「幼而不遜，長而無述」，猶爲有隱乎云爾，亦寬之使其可受，庶幾一旦省悔，非但曰「親者無失其爲親，故者無失其爲故」也。聖人於予奪之際，輕重低昂，一毫不爽，而用意忠厚又如此！於此，可以得待異端之法。

天生大聖大賢大豪傑，都把箇極難的題目放在他身上，着他處置。箇中有兩箇大機栝。一是要他磨礱鍛鍊，抑而能振，晦而能章，淆而能澄，撼而能定，四顧惟谷，逼出全副真精神，一身如餘，掃盡諸般閑伎倆。譬諸徂徠之松，泰華之柏，其爲大風烈日之所披鑠，嚴霜凍雪之所催剝，不知凡幾，而姿彌蒼，質彌古，昂霄聳壑，嫩色全除，故能歷千百年不凋，爲萬木長也。夫如是，然後可以言盡己之性。一要他曉得，世間人情委有許多變態，世間事幾委有許多險阻；即有不盡如吾意者，務設身處地，詳爲籌而寬爲待，不以己長格物，不以不幸窮人，不以一瑕掩瑜，不以怙終厭棄；精思熟計，瀝肝剖腸，時操時縱，時張時弛，先後重輕，曲中肯綮。譬彼大醫王，其於一切病情，如身爲百草，向各人五臟六腑中穿過一番，無所不洞見；其於一切藥性，又如身爲諸病人，向百草中穿過一番，無所不諳悉。故能起死回生，造化在手也。夫如是然後可以言盡人之性。孟子曰：「天之將降大任於是人也，必先苦其心志，勞其筋骨，餓其體膚，空乏其身，行拂亂其所爲。所以動心忍性，增益其所不能。」此只就貧賤一項人説，而今看來即富貴一項人，亦自有種種憂患。如堯之洪水，舜之三苗，湯之夏台，文之羑里，又如伊尹之桐宫，周公之東山，以及諸葛武侯之於漢，狄梁公之於周，郭汾陽之於唐，李忠定文信公之於宋，何莫不然！乃知困之進人，不論有位無位，只要人自識得箇中機栝，不蹉過耳。若進則優遊巖廊，當憂不憂，當懼不懼，徒然擁高爵，飽厚禄，以明得志；退則優遊泉石，了無一事足攖其念，其於世之理亂安危，亦如秦人之視越人，漠不相關。果天棄我？抑我棄天？吾不知此爲何等人也！省夫省夫！

留侯原是世外人，只緣一片熱心未斷，却走入世上來。其所相與稱知己者，依舊是世外人，一切大關係處都共商量。初年椎擊始皇於博浪沙中，則滄海君；晚而定太子，則商山四皓。又如談兵則黄石公，談玄則赤松子。此其際微矣。韓彭輩何足以知之！

一日，偶與座客評儀封人晨門荷蕢荷篠接輿長沮桀溺七人優劣。仲兄曰：「儀封人晨門爲優。」客曰：「何？」曰：「此兩人不卑小官，還有不忘天下意思。」一座稱善。

伯夷似偏在約一邊，再失之則楊朱而已矣。柳下惠似偏在博一邊，再失之則墨翟而已矣。莫子似於博約之間調停取巧，自以爲不偏，而率歸於偏也，再失之則鄉愿而已矣。

矯氣質以從義理，是聖賢路上人。矯氣質以從流俗，是鄉愿路上人。上之不能純於義理，下之不肯同於流俗，是狂狷路上人。

問：「程子云，『善固性也，惡亦不可不謂之性也』，何如？」曰：「此專以氣質言耳。然而氣質非性也，以氣質爲性，是旁論，非正論也。程子蓋嘗喻之於水，以爲『清固水也，濁亦不可不謂之水也』。是則然矣，但借水喻性，須點出『性』字方纔明白。試曰：『清固水之性也，濁亦不可不謂之水性也。』其可乎？孟子亦嘗喻之於水，曰：『人性之善也，猶水之就下。人無有不善，水無有不下。今夫水搏而躍之可使過顙，激而行之可使在山。』誠按而爲之説曰：『就下固水也，過顙在山亦不可不謂之水也。』是則然矣。試曰：『就下固水之性也，過顙在山亦不可不謂之水之性也。』其可乎？以此論之，安得指氣質爲性？」

或問：「孟子性善之説，人多援易中『繼之者善』爲證。不知，繼如子之繼父，繩繩一脉，因子可以見父也，謂子即是父，則非矣。」予曰：「若只説眼睛耳朵鼻頭口嘴上較看，委是父子亦不同。若勘到這箇血脉，豈但父子，即路人也一般；豈但路人，即仇讎也一般；豈但仇讎，即禽獸草木也一般。雖欲覓些子異處，不可得。」

或問：「甲謂乙曰：『中庸云「道也者，不可須臾離也」，易云「百姓日用而不知」，孟子云「終身由之而不知其道」，則吾人渾身是道，論語何又云「誰能出不由户？何莫由斯道也」？』乙曰：『公自錯看了。』曰：『應如何看？』乙曰：『誰人出不由户？誰人不由斯道？』子以爲然否？」予曰：「果如乙所云，聖人説他何用？」

或曰：「善自性也，而性非善也。謂善爲性則可，謂性爲善，則舉一而廢百矣。」予曰：「也只是廢得一箇惡，何須過慮！」

言性者，不曰善則曰惡，不然則曰有善有惡，又不然則曰可善可惡。告子一齊撇下，單單道箇「無」字，何等脫灑！當是時，孟子開口便說仁義，進而與王侯大夫言以此，退而與門弟子言以此，肫肫懇懇，不憚强聒，率以不遇，曾無少悔！告子乃曰「以人性爲仁義，猶以杞柳爲桮棬」，直是看得如此等閑！味其語意，居然狹小孟子，以爲是何足與語最上第一極則云爾。何等超卓！却不知道箇中埋藏無限嵠嶢也。

據戴記大學有結語曰：「此謂知本，此謂知之至也。」可見，格物只是知本，知本只是修身，致知者只是知修身爲本，三言一義也。

李見羅先生性善編專爲陽明致良知之說而作，其見卓矣！但「致良知」三字何嘗不是？誠使人人肯致良知，便人人是箇聖賢，亦有何害於天下？惟是陽明以無善無惡爲性，則亦以無善無惡爲良知，此其合商量處也。見羅較勘到此，可謂洞見病根；至於反覆辨良知不可爲體態，落第二義矣。

朱子之格物，陽明之致知，俱可別立宗。若論大學本指，尚未盡合。要之，亦正不必其盡合也。

李見翁表章大學，特揭出知止、知本兩言，可謂洞徹孔曾之藴。若曰，至善是體，明德亦屬用，修身是本，心意知物亦屬末，似又主張太過矣。

或問：「格物之説紛如聚訟，孰爲定論？」曰：「『致知在格物』，『物格而後知至』，『此謂知本』，『此謂知之至也』，此四箇『知』字是同是異？」曰：「安得有異？」曰：「如此，格物之説昭然明矣。故王心齋曰『自天子以下三條，是釋致知格物之義。』陽明表章古本，近日李見羅特揭修身爲宗，都不肯照大學原解，未審何也。」

胡廬山曰「二氏止明心，未嘗盡心；止見性，未嘗盡性」，愚不敢知。至曰「聖人先天而天弗違，後天而奉天時；二氏先先天而後後天」，却自有見。雖然，既已先先天而後後天矣，彼所明者何心？所見者何性哉？

胡廬山少好攻古文辭，歐南野謂曰：「夫藝達於道，故遊焉而不溺；志役於藝，故局焉而胥喪。子盍早辨之？」廬山聞之矍然，始有發憤刊落之意。及其晚而著衡齊八篇，王弇州爲序，猶疑其修詞之過。信乎，熟處難忘也！

或爲：「顏子，孔門第一人，及問爲仁，僅告之四勿，何也？」曰：「君莫草草看了，這是儒門一箇莊嚴法。」曰：「請示之。」曰：「『非禮勿視』，是爲顏子莊嚴這眼；『非禮勿聽』，是爲顏子莊嚴這耳；『非禮勿言』，是爲顏氏〔二〕莊嚴這口；『非禮勿動』，是爲顏子莊嚴這四體。如此，即顏子一身如水晶宮，瑩徹玲瓏，不復可以形色求矣。如何草草看得！」

〔二〕宗祠本作「子」。

小心齋劄記卷十五　戊申

世人往往喜承本體，語及工夫輒視爲第二義。孔子當時只任功夫，故曰：「若聖與仁，則吾豈敢？抑爲之不厭，誨人不倦，則可謂云爾已矣。」究竟爲何以不厭，誨何以不倦，箇中消息最爲微細。説聖説仁，聰明才辨之士，猶可覓些奇特，呈些玄妙，逞些精采，弄些伎倆，只推勘到這裏，一切都使不着。然則孔子之所謂工夫，恰是本體；而世人之所謂本體，高者只一段光景，次者只一副意見，下者只一場議論而已矣。故曰：「正惟弟子不能學也。」此語甚可味！下一「正」字，更自躍然。

泛泛看來，聖與仁，地位峻絶，高而難攀；爲不厭，誨不倦，日用平常，卑而易企。及入細體貼，何謂聖，何謂仁，還是箇名耳；爲不厭，誨不倦，乃其實也。誠能爲不厭、誨不倦，更有甚聖與仁？如其不能，更説甚聖與仁？公西華曰「正惟弟子不能學也」，明明將聖與仁真面目和盤托出矣。讀者切勿等閒抹過！

子貢曰：「學不厭，知也；教不倦，仁也。仁且知，夫子既聖矣。」公西華也是這意思，只覺比子貢更提掇得人心動。

自中庸言不思不勉之謂聖，而説者率謂須從不思不勉入門，方是作聖真血脈。其指精矣！予讀論語「若聖與仁」章，尤有滋味。夫何故？教人以不思不勉入聖，則凡有待於思且勉者，便逡巡畏縮，不敢向前，且待分諉其責於資稟。教人以不厭不倦入聖，則凡有厭者明是我自家厭，那箇令我厭？凡有倦者明是我自家倦，那箇令我倦？更無推託處也。或曰：「惟不思不勉，所以不厭不倦。」予曰：「這也泥不得。『終日不食，終夜不寢』，曷嘗無思？『庸德之行，庸言之謹』，曷嘗無勉？這其間，正可想見聖人一段孜孜亹亹、繾綣不能已的真精神，有何厭且倦乎？故於不思不勉處不厭不倦，夫人可能；於思勉處不厭不倦，非聖人不能也。吾輩應於此密密自查，方有進步。」

或問：「中庸云：『誠者不勉而中，不思而得，從容中道，聖人也。誠之者，擇善而固執之者也。』所謂善非他，即不思不勉者是也。擇善，擇此而已；固執，執此而已。敢請正。」曰：「就人而論，有思而得，有不思而得，有勉而中，有不勉而中；就善而論，原是箇渾然的物事，其不思不勉，亦何待言？更有一説，就善而論，本自無失，不須曰得，本自無差，不須曰中；就人而論，却未可便以不思不勉爲善也，不思而得、不勉而中乃爲善耳。且所謂不思不勉，亦未可只在不思不勉上求，還有箇源頭在。須是這箇渾然的物事，完完全全没些子虧欠，然後拈來是道，自能不思而得、不勉而中耳。若不尋着源頭，要去求箇不思不勉，如何做得成？縱做得成，也是硬作主張。告子便是如此。『不得於言，勿求於心』，豈不是學聖人之不思？『不得於心，勿求於氣』，豈不是學聖人之不勉？緣他源頭上錯了，只認得不思不勉是性，不認得善是性，遂有千里之謬。」

看來喫緊只在識性。識得時，不思不勉是率性，思勉是修道，總是聖人一脉；識不得時，不思不勉是忘，思勉是助，總與自性無干。

不思不勉是現成話，須要求其來歷處與其下落處。「誠者不勉而中，不思而得」，試看那「誠」字便知來歷，看那「中」字「得」字便知下落。要之，來歷處即其下落處，亦非有二也。

謂之善，定是不思不勉；謂之不思不勉，尚未必便是善。故特點出「得」字「中」字字。此指甚精，不可不察！

須知這物事用不得一毫安排造作，又須知思勉學慮正與安排造作相反，始得。而今混作一樣，所以兩邊費許多說話。洪範不云「思曰睿，睿作聖」乎？中庸不云「不敢不勉」乎？至論語且云「未之思也」，又曰「不敢不勉」，「何有於我」。乃知思勉二字，尚未易承當，況可一筆勾銷也！

子路問成人，題目甚大，孔子分二欵告之，一則曰「亦可以爲成人」，一則曰「亦可以爲成人」，却反說得小了。輾轉求之，不得其故。一日擬議及此，高存之曰：「此恐是子路商論人物之語，非爲自家發問也。」予聞而豁然。蓋子路心甚雄，氣甚壯，眼甚高，孔子恐其看得當時人太低，責備當時人太過，就把眼前略有名目的人告之，喫緊只在「文之以禮樂」耳。次之，又只說到「見得思義，見危授命，久要不忘平生之言」，如是而已。大率責己當重以周，責人當輕以約。味箇「亦」字，兩意俱含於其中。就子路言，即前條所指成人；就春秋時言，即後條所指成人。取節焉可矣，豈必種種求全？故概曰「亦可以爲成人」。一以示向上一路尚自有在，會應進而求之，勿草草自盡；一以廣爲善之門，但大節無虧，便留得本來面目，足以障衰世之狂瀾，不致滔滔日下也。其旨深，其慮遠矣！

或問：「孔子與子張論前知，而曰『殷因於夏禮』，『周因於殷禮』，蓋直直拈出天地間亙古亙今不可磨滅的道理，做箇把柄，至精亦至確矣！却又言及「所損益」，何也？竊疑既有損益，誰能知之？」曰：「謂之損，第有所裁定而非革也；謂之益，第有所增定而非創也；非革非創，則亦因也。試觀自周而後，爲秦爲漢，爲晉爲南北朝，爲隋爲唐，爲五代爲宋，按其大規模，誰能外禮別有建立？考其細節目，誰能外禮別有商量？至其所謂禮，又誰能外唐虞三代別開一局也？可見前知之道，總收在這三箇字內；這三箇字，又只收在這一箇字内。」曰：「暴如秦，悖如隋，彼亦惡知禮乎？」曰：「此所以不再世而滅也。然則此一字，非惟該貫常變，統攝經權，且並治亂興亡之故，都不能出其範圍矣。聖人之前知，其簡易神妙，有如是夫！」

「禹吾無間然矣」，「禹吾無間然矣」，一言之不足而再言之，恰好映出禹一段事。蓋鯀殛而禹興，自禹觀之，胸中無限彷徨，無限淒惻，無限虧欠。其菲飲食，惡衣服，卑宮室，分明是痛父之過，自貶損；其盡力溝洫，分明是幹父之蠱，過自勞瘁；至其郊鯀配天，致孝致美，又分明表平成之功，有所從來，不敢擅爲己有，庶幾蓋父之愆云爾！自孔子觀之，禹之用心如此，其所爲無限彷徨，正是天理之至；其所爲無限淒惻，正是人情之至；其所自認無限虧欠，正是没些虧欠處也。故歷舉其事言之，而始終以無間然贊焉。試於此默默玩味，即千載之下，猶不能不令人吁嗟而感歎也。嗚呼微哉！

又曰：禹有間，當父子之窮也；湯有慚，當君臣之窮也；周公有過，當兄弟之窮也。然而有間者卒歸於無間，有慚者卒歸於無慚，有過者卒歸於無過，則是聖人之善處遇，而遇不能窮聖人也。故曰：天下之變不常，聖人之常不變。

人謂堯以天下與舜，據吾意，直是堯以舜與天下耳。或曰：「何也？」曰：「試想舜得天下，還有增益也無？」曰：「『被袗衣，鼓琴』，『若固有之』，無增益也。」曰：「試想舜不得天下，還有減損也無？」曰：「『飯糗茹草，若將終身』，無減損也。」「試想天下得舜，還有增益也無？不得舜，還有減損也無？」曰：「堯以不得舜爲憂，將必以得舜爲樂。憂者憂天下之無所托，樂者樂天下之有所托也。可見當是時，天下休戚安危全在舜身上。舜視天下甚輕，天下視舜甚重，這箇損益，似不小小！」曰：「如此看來，信乎堯以舜與天下，非以天下與舜也！」

或問：「臣有弑君，子有弑父，而孔子懼。孔子之春秋成而亂臣賊子懼，起局在此，結果亦在此。蓋以君父匡臣子，非以臣子匡君父也。子曰『君君臣臣，父父子子』，方成一部春秋。若兼而責之然者，將孟子之見不及是歟？」曰：「何爲其然也！如執一『弑』字，春秋只治得三十二人而已，餘皆宴然無恙。如執『臣』『子』二字，春秋只治得諸侯大夫陪臣而已，尋那箇作主？且陪臣懼，必還政於大夫，大夫懼必還政於天子。假令是時天下無道，猶夫故也，誰爲受之？吾見禮樂征伐依舊自諸侯出，頃之依舊自大夫出，頃之依舊自陪臣出，誰爲收之？非所以撥其亂而反之正也，如何成得一部春秋？」

或問：「莊子曰：『盜亦有道焉。妄意室中之藏，聖也；入先，勇也；出後，義也；知可否，知也；分均，仁也。五者不備而能成大盜者，未之有也。』程子曰：『天下無一物無禮樂。且如盜賊，至爲不道，然亦有禮樂。蓋必有總屬，必相聽命，乃能爲盜。不然，則叛亂無統，不能一日相聚而爲盜也。』其言將無同乎？」予曰：「程子之説深明禮樂之必不可斯須無，莊子之説則以見聖勇義智仁都是亂天下之具，欲一切掃之而不有。兩下用意，正自相反。」

「性猶杞柳也」，豈不仿佛寂然不動之説？「性猶湍水也」，豈不仿佛感而遂通之説？「不得於言，勿求於心；不得於心，勿求於氣」，豈不仿佛「内者不出，外者不入」之説？只是頭腦上欠明，便一切俱錯。

以善養人，是一團生機；以善服人，是一團殺機。生人者，人亦生之；殺人者，人亦殺之，天之道也。

或問：「聖學不落意，大學却言誠意，何也？」曰：「『如好好色』，無作好也；『如惡惡臭』，無作惡也，奚其落？」

林平泉先生云：「臨海金一所僊居應容菴，二人以道義相友善。金既謝事家居，應復起用，詣金言别。金曰：『君此出，他日回來，要將一照樣應容庵還我。』」兩人竟保晚節。予自甲午三月别許少微於春明門，至丙午秋少微出江右，約予會於芙蓉湖上，劇談移日。予見其爲國爲民，一念津津，不減當年，喜曰：「今日依然是春明門許少微，他年再晤，須還我芙蓉湖許少微也。」少微笑曰：「男兒進德修業，會應日新。若只吳下阿蒙，何顔相見？」予爲擊節嗟賞。此又百尺竿頭進步語矣！

詩也。「千槌萬鑿出名山，烈焰光中走一番。粉骨碎身都不怕，只留清白在人間。」此詠石灰木詩也。「一條黑路兩人忙，未説相看髩已霜。我去彼來何日了，虧他扯拽過時光。」此詠鋸二詩不知何人所作，每誦前一詩，便覺志意竦拔，一切無能震撼我者；每誦後一詩，便覺萬緣都消，一切無能沾染我者。言近指遠，其是之類夫！

予謂伍容菴曰：「陽明之言良知，信之乎？」曰：「信之。」曰：「陽明之言無善無惡，信之乎？」曰：「不敢信也。」予曰：「何？」容菴曰：「心既無善，知安得良？即其言，亦自相悖矣，奚而信？」

伍容菴雅不滿於王文成，多所責備，予疑其過。獨其謂奉命處置思田事，竟以病不候代而歸，行至南安而卒，恐於死生之際尚未了了。即文成聞之，當亦心服。

小心齋劄記卷十六　己酉

太極無聲無臭，有何方所？乃河圖洛書，說者指其中爲太極。至周子作太極圖，又特標太極於上，何也？曰：這是假像以顯理。易六十四卦，以二、五爲中，以初爻、三爻、五爻爲陽之正位，以二爻、四爻、上爻爲陰之正位，其義亦猶是也。

書不云乎，「允執厥中」，此可以照河圖洛書之指。易不云乎，「形而上者謂之道，形而下者謂之器」，此可以照太極圖之指。

渾然不偏曰中，超然不偶曰上。模寫道妙，莫精於是！

始予閱太極圖而疑之。河圖⁙爲太極，周子標○爲太極，近於老氏之所謂「有物混成」。河圖居中，周子標○居上，近於佛氏之所謂「惟吾獨尊」。論者謂周子與東林鶴林兩禪師友，而是圖也實淵源於陳希夷。其說倘亦有自乎？已而知其非也。蓋周子標○爲太極矣，而其兩之爲陰陽也，即系○於陰陽。五之爲水火木金土也，即系○於水火金木土。

是混者不嫌於析也，何也？混之以爲體，析之以爲用，體用本一原也。老氏却曰「失道而後德，失德而後仁，失仁而後義，失義而後禮，失禮而後智」，將無於體用之間自生揀擇？即所云「有物混成」，亦歸之儱統而已耳。周子標○居上矣，而其次之以水火木金土也，即系水火木金土於○，是上者不離於下也，何也？「形而上謂之道，形而下謂之器」，道器本一貫也。佛氏曰「迷妄有空虚，依空立世界。想澄成國土，知覺乃衆生」，將無於道器之間自生取捨？即所云「惟吾獨尊」，亦歸之孤亢而已耳。由此觀之，周子之爲是圖，正以匡二氏也。其指微矣！

「形而上者謂之道，形而下者謂之器」，形而上下之間者謂之心。朱子曰：「心比性微有跡，比氣則又靈」，説得極細！

用九「無首」，是以乾元入坤元。蓋坤者，乾之藏也。用六「永貞」，是以坤元承乾元。蓋乾者，坤之君也。

太極超形氣之上，曰乾元，便不免落於氣矣；曰坤元，便不免落於形矣。是故以太極爲主，方能從先天出後天；以乾元爲主，恐未必不溷後天作先天也。此處最宜慎辨！

只是這箇，分而爲四，則曰「元者，善之長也；亨者，嘉之會也；利者，義之和也；貞者，事之幹也」，孟子仁義禮智之說本此。分而爲二，則曰「乾元者，始而亨者也；利貞者，性情也」，周子誠通、誠復之說本此。於是合而爲一，則曰「乾始能以美利利天下，不言所利，大矣哉」，繼之曰「大哉乾乎，剛健中正純粹精也」，又將七箇字形容一箇字。聖人發揮道妙，曲暢旁通，何嘗執着些子？

孟子曰「必有事焉而勿正心，勿忘勿助長也」，此是千古妙詮。明道程子曰：「鳶飛魚躍，一段子思喫緊爲人處，與『必有事焉而勿正心，勿忘勿助長也』之意同，活潑潑地。會得時，活潑潑地；會不得，只是弄精魂。」白沙陳子曰：「舞雩三三兩兩，正在勿忘勿助之間，曾點些兒活計，被孟子一口打並出來，便都是鳶飛魚躍。」此是千古妙解。雖然，如此不已，不知且說到甚麼處去也。却被朱子掃得光光淨淨，其言曰：「孔子只說箇『先難後獲』一句，便是這話。後來子思孟子程子爲人之意轉切，故其語轉險，直說到活潑潑處耳。」豈不十分平實！十分穩妥！蓋兩先生善發，真是全體提得起；朱子善收，真是全體放得下。故兩先生之說大有功於孟子，朱子之說又大有功於兩先生。余列而著之，俟同志者參焉。

「必有事」，是「先難」；曰「正」曰「忘」曰「助」，總從利心來，此孔子之所謂「獲」也。病標有三，病根則一，拔其根，標不勞而治矣。是故孟子之言曲而盡，孔子之言約而精。

内典推佛爲生天生地之聖人。按湯誥有曰「惟皇上帝降衷於下民」，予以爲非特降衷於下民，實乃降衷於天地，此所謂生天生地之聖人也。

太極，生天生地之本；陰陽，生天生地之具；上帝者，全體太極，統攝陰陽，生天生地之主也。

朱子之教，裁檢賢知一邊人居多；陸子之教，振起愚不肖一邊人居多。子思述夫子之意作中庸，標箇「中」字，是合賢知愚不肖都招而入其範圍；加箇「庸」字，專爲賢知而發。此無他，誠以能亂吾道者，不在愚不肖而在賢知，則天下之最可慮者惟此人。然而能寄吾道者，亦不在愚不肖而在賢知，則天下之最可望者亦惟此人。故等其過於不及而並匡之者，欲其知己之地分，僅在愚不肖之列，必將恍然自失，不能不思所以退而矯其偏；

甚其過於不及而特匡之者，欲其知己之墮落，反在愚不肖之下，必將悚然内懼，不能不思所以進而求其中。聖賢之惓惓爲賢知計如此，真是十分苦心！

或問：「程子言周茂叔窮禪客，何也？」曰：「二程遺書云『明道少時喜與禪客語，欲觀其所學淺深』，伊川云『天下至忙者無如禪客』，又云『釋氏善遁，才窮着他，便道我不爲這箇』。看此，可識『窮禪客』三字之義。近有引用其語者，却於中間增一字曰『周茂叔乃窮禪客』，殆失之矣。」

儒家之有朱子，其詩家之有杜工部乎？讀工部集，洪纖濃淡，淺深肥瘦，新陳奇正，險易巧拙，無不具備。遡而上之，自兩漢而魏而晉而六朝；沿而下之，自中唐晚唐而五代而宋而元，無不兼包。且言理則近經，言事則近史，尤爲傑出，所以獨稱大家。然而具眼者，率謂自詩人來，未有此老，相與推爲詩聖。至輕俊之流，亦往往摘瑕索瘢，執其一句一字而彈射之。要之，益以見其大也。知此可與論朱子矣。若象山，便是箇李太白也。

朱子辟禪矣，閱禪書却多。陸子近禪，自其資有暗合處耳，閱禪書却少。又曰：惟其閱之多，故其辟之也率中肯綮；惟其閱之少，故以禪呵之者，不能得其心服。或曰：「何以見朱子辟禪之中也？」曰：「朱子云『佛學至禪學大壞』，只此一語，五宗俱應下拜。」

文中子曰：「佛，聖人也，其教西方之教也，中國則否。軒車不可以適越，冠冕不可以適胡，古之道也。」説者以爲古今論佛，惟此最當，似矣。愚竊謂佛氏之慈悲行之中國，亦安見其泥？若其離君臣，絶父子，棄夫婦，即夷狄亦未嘗胥而從之也，烏在其爲西方之教哉？却有一處説得好。「程元問：『三教何如？』曰：『政惡多門久矣。』曰：『廢之何如？』曰：『非爾所及也。』」大自可味！

章子厚赴召，别吴山端，端請入方丈。茶罷，端曰：「且爲愛護佛法。」公云：「不興不廢，愛護佛法也。」却是宰相語。

余弱冠時好言禪，久之意頗厭，置而不言，又久之恥而不言，至於今，乃畏而不言。羅近翁於此最深，及見其子讀大慧語録，輒呵之。惟管東翁亦曰：「吾於子弟輩，並未曾與語及此，誠畏之也。」噫嘻！寧但應爲自家子弟輩畏之而已矣！

甚矣，子思之善言道也！曰：「夫婦之愚可以與知焉，及其至也，雖聖人亦有所不知焉。夫婦之不肖可以能行焉，及其至也，雖聖人亦有所不能焉。」既就無知無能中拈出有知有能處來，又就有知有能中窮到無知無能處。可見，這箇物事，要埋没他也埋没不得，要覷定他也覷定不得，要抛撇他也抛撇不得，要拏住他也拏住不得；直令愚者智，聖人反愚，不肖者賢，聖人反不肖，抑何神妙不測至此也！却又非子思鑿空駕説，故意作弄，一一是眼前實事實話。

釋氏談心談性，人皆詫以爲奇，畢竟還費了許多話頭，怎如中庸？此一條不過四十五字，却説得如此宛轉，如此玲瓏，如此含蓄，如此變化，如此圓滿。是故，欲表道之無内，因特徵夫婦之不知不能而闡其可知可能；欲表道之無外，因特徵聖人之所知所能而闡其不知不能。一似愚不肖出聖人之上，聖人出愚不肖之下，抑揚顛倒，可喜可愕！讀者試讀到夫婦之愚可知，夫婦之不肖可能，憑他何如人也應欣然踴躍，精神焕發一番。試讀到聖人亦有不知，聖人亦有不能，憑他何如人也應茫然自失，意氣收斂一番。此真子思子喫緊爲人處也！

吾儒以理爲性，釋氏以覺爲性。語理則無不同，自人而禽獸而草木而瓦石，一也，雖欲二之而不可得也。語覺，則有不同矣。是故瓦石未嘗無覺，然而定異乎草木之覺；草木未嘗無覺，然而定異乎禽獸之覺；禽獸未嘗無覺，然而定異乎人之覺，雖欲一之而不可得也。今將以無不同者爲性乎？以有不同者爲性乎？孰是孰非可以立決矣。朱子曰「仁未嘗不覺，而覺不可以名仁」，此語極精！至羅文莊又曰「覺非特不可以名仁，且不可以名智」，則益精矣！彼認覺爲性者，恐非究竟義也。

世方以無善無惡附會性善，方本菴獨以性善掃除無善無惡，直狂瀾之砥柱也！本菴又言「『下學而上達』，當味這『下』字」，因發明下人上人之義，最爲警策！余退而思之，以爲會得翁之所謂性善，則知聖人與塗人同有不容視之太高、餒焉畏而遜者；會得翁之所謂下學，則知塗人與聖人同有不容視之太卑、肆焉藐而玩者。蓋提撕吾黨之意，於斯至矣，其可負諸！

又曰：本菴慮世之離善求性者之眩於無，而言不變難也；又慮世之離性求善者之滯於有，而言知變難也。於是舉而齊之性善，其指淵乎微矣！性善原道自孟子，更請以孟子證。「夫道，一而已矣」，是點出性善頭腦；仁義禮智四端，是鋪出性善眉目。四者變，一者不變，何其與本菴言如合符節也！看來，總不出此理！此理參得到時，二氏百家是處，自然一一囊括；其似是而非處，自然一一粉碎，而何畏乎？千百世之下自然不差些子，而又何俟乎安排比擬爲哉？易言盡性至命本之窮理，而本菴亦於此惓惓三致意也。有以夫！有以夫！

學者聰明未必如古人，議論常欲勝古人；行事未必及古人，自處常欲過古人。以故，下稍往往没收煞。

近來有一習氣，操觚者但於左馬諸家摸擬得一言半語，便傲然自以爲古文，其視韓柳歐蘇蔑如也。談道者，但於禪玄兩家剽掠得一知半解，便傲然自以爲妙悟，其視周程張朱蔑如也。嗟嗟！彼操觚者無論也，乃談道者亦然，何哉？

近作一熱心事，適有巨室之僕爲梗，竟做不成，而被冤者更罹荼毒，殊以自悔。既而思之，人間世儘多不平，如何一一管得！却又啞然自笑也。書之以志予過。

有一箇刻意作家，家未成而卒，人曰：「惜也！正好經營。」又有一人，家既成而卒，人曰：「惜也！正好享用。」余聞之，歎曰：「此正造化提醒人處也。」人曰：「何也？」「兩下都落空，竟有何用？吾輩須就自家照顧一番，看這裏經營享用的是甚麽，還不落空否？有用否？不可只將他人評論，後來只惹得人歎一口氣也！」

小心齋劄記卷十七　庚戌

史際明曰：「天下有君子，有小人。君子在位，其不能容小人宜也，至於並常人而亦不能容焉，彼且退而附於小人，而君子窮矣。小人在位，其不能容君子宜也，至於並常人而亦不能容焉，彼且進而附於君子，而小人窮矣。」此深識世故之言。愚謂，君子之窮，小人之幸，天下之禍也；小人之窮，君子之幸，天下之福也。有世道之責者，其尚審於早而慎於微哉！

予謂伍容菴曰：「林居録中盛推申相國居鄉懿行，良信！要之，特其小者耳，尚有大佳處！」容菴曰：「何？」予曰：「魏見泉侍御條陳時事，中及科場積弊。且謂大廷之試，閣臣爲讀卷官，凡閣臣之子須俟去任後方可與試。張蒲州不悦，將有處分。予因請於相國曰：『近來直言之士不乏，相國亦率能優容，但科場之事，鮮有摘及者，以此爲執政所諱，不敢犯手也。今獨見泉奮言之，比得嚴旨，各各袖手旁觀，獨戶曹李修吾抗疏救之。竊以爲，此兩人方是真能直言，相國能於此兩人優容，方是真能優容。願熟思之。』相國曰：『君言固是。第此事有張先生主裁，吾不得而與也。』予怏怏而退。已而見泉修吾俱調外。無何，張蒲州憂歸。相國謂予曰：『向所言魏李二君，欲爲一處，何如？』予喜曰：『老先生發此一念，天地鬼神亦來呵護矣！』時與姚江孫越峰同在選司，因入言之。越峯曰：『昨正商諸申相國，相國欣然曰：是吾心也。』予曰：『今方推新堂翁，楊二老想旦夕到任耳。』越峰曰：『若待此老到任而後推人，皆歸美此老，没却相國一片心矣。』予曰：『此老長官妙用，非予所及也。』即日具疏。見泉得南吏部，修吾得南禮部，一時翕然稱相度焉。而見泉尋進光禄丞，比修吾考滿至京，相國復爲言諸吏部，擢山東僉憲，馴至大用。初，予目擊江陵横政，偕魏崑溟奏記相國，勸其從中匡救。相國閱之點頭，徐曰：『兩君之意美矣，還須善藏其用，勿得草草！』相國一日入閣，張江陵問曰：『聞新進士有三元會，知之乎？每日取邸報遞相評騭，自以爲華衮斧鉞俱在其手。此皆貴門生也。』相國曰：『不知也，是爲誰？』江陵因舉予及魏崑溟劉紉華三人以告。蓋予三人並舉鄉試第一，故讒者從而爲之辭云。相國笑曰：『皆迂腐書生耳。』江陵發問時意甚不平，至是稍解。已而，相國得政，次第推轂予與崑溟入吏部，此等事皆近世所希覯也。」

又曰：「非特申相國，即王婁江亦自有佳處。丁亥大計，何司空名在拾遺中，遂訐憲長辛慎軒。陳給諫兩參之，而意歸重於辛，蓋有所承望而然也。予過婁江公語及之，且問陳給諫之疏是否。公曰：『適貴堂翁楊二老極口贊之，以爲佳。』予曰：『如此，老先生亦必以爲佳矣，乃疏末猶慮有推刃於腹者，何也？言官論一總憲，亦是常事，何必弄此機關，無乃欲蓋彌張？計此君胸中有未帖帖處耳。』公曰：『執政之體，只不當主使言官以行其私耳，亦不得禁之使不言也。且辛總憲有何好處？察君之意，一似右辛而左何，然得無偏乎？』予曰：『今不須論人只論事，便屬不妥。若被拾之人，一一尋箇對頭，聚訟紛紛，有何了期？非政體也。』公不悦而罷。越六年，辛總憲物故，其子來請謚。婁江謂予曰：『畢竟此老何如人，應與謚乎？』予曰：『此朝廷大典，自有公論在，非小臣所知。』已而，禮部采輿論，與謚，婁江聽之弗禁也。蓋亦悟向日之非云。又予司選時，太僕寺缺少卿，堂翁陳心老問曰：『當用何人？』予以山東大參王太初對。陳心老曰：『善！』遂以語諸婁江公，公不可。越數日，予以他事往謁，公迎謂曰：『近細詢之，太初果佳士也，便須用之。』於此可謂無成心矣。使能充是心，其所建立當有可觀，何至叢紛紛之議哉？」

丙戌秋，予入京補官，婁江王相國謂予曰：「君家居且久，亦知長安近來有一異事否？」予曰：「願聞之。」相國曰：「廟堂所是，外人必以爲非；廟堂所非，外人必以爲是。不亦異乎？」予對曰：「又有一異事。」相國曰：「何？」予曰：「外人所是，廟堂必以爲非；外人所非，廟堂必以爲是。」相國笑而起。

何司空許辛總憲，四御史皆降官。衆議譁然，以爲有主之者。予因具疏言之，且及向來種種時弊，欲執政公卿庶僚各務自反。已而，奉旨外謫。陳雨亭司寇謂王婁江曰：「顧動部一疏説得最公，何以見譴？」婁江曰：「渠執書生之言，狥道旁之口，安知吾輩苦心！」司寇曰：「是則然矣。竊恐書生之言當信，道旁之口當察，動部箇中苦心，似亦不可不知也。」婁江默然。司寇退而以語趙定宇太史，太史爲予述之。予曰：「鄙人惟知自反而已，此外非所知也。」

歲丙申之冬，選部唐仁卿請告而歸，訪予於涇里。予問曰：「國事近何如？」仁卿曰：「他皆無足慮，所慮者一人耳。」予問爲誰。仁卿曰：「沈繼山司馬也，必亂天下。」予笑曰：「『君子一言以爲知，一言以爲不知』，願勿草草！兄姑待之，司馬旦夕歸矣。」仁卿曰：「司馬外結政府，内結權璫，方當用事，何云歸也？」予曰：「所結政府爲誰？」仁卿曰：「張新建。」予曰：「司馬與新建同年也，又同與江陵奪情事，後先被罪去。其情誼自別於泛然之交。第司馬骯髒自喜，必不爲新建用。新建今猶次輔耳，一旦得政，此兩人終非好相識。至欲結權璫，非用賄不可，司馬將何所取資？」仁卿曰：「自有代爲之賄者。」予曰：「此等奇論，從何處來？都下所相與何人？恐不得不分任其過也。今姑無論，吾輩只看司馬行徑何如，更應了了。」仁卿懷疑而別。越數日，司馬果得旨歸。仁卿自途中貽予書，謝曰：「向者吾失言！吾失言！昨道檇李，詢此老居鄉作何狀，市井細民無不同聲賢之。乃知長安紛紛之論，真是可笑！矮人觀場，隨人悲喜，吾又以自笑也。」仁卿可謂無成心矣。鄒南皋書趙定宇先生傳後曰：「趙學士没，其弟與諸子屬傳。草成，黯然魂消。門人曰：『先生慟乎？』予曰：『此非子所知。』曰：『得無以苦肉計慟耶？』曰：『苦肉計，丁丑冬事。癸未以後，視苦肉更甚！荷聖恩賜環，置之生地矣，吾等心如水之平也，故設詞波之，如鼓之無聲也，故陽爲擊之，俾不得一日安其位。視六年時又更甚！』」先生曰：「不去，必不令完名。」卒若左券！嗚呼！抑知夫司馬之時視先生之時，尤甚！即去後，且不令完名也。吾是以重有感於仁卿，爲之喟然三歎，而追記其語。

或問予曰：「子言陸五臺冢宰有旋轉之功，將無太過？」予曰：「若説旋乾轉坤，委未易言。然而我皇上臨御以來，所用冢宰凡數人，大率皆執政之冢宰耳，非皇上之冢宰也。中亦有頗知自立者矣，而極重難反，率不能跳出這窠巢。獨五臺公眼高膽壯，遂能正統均之體，破久沿之套，收旁落之權，振積衰之習。到任數日，外轉一大干清議之御史，而奸邪爲之奪氣；內擢一公論共推之給舍，而端良爲之生色。及大計群吏，務在表廉貞，懲貪恣，獎恬退，抑奔競。其夤緣入台省者，即見任一切屏黜，於是仕路廓然一清。於是天下始知公論之不可犯，各思矞矞自濯。立峰孫公心谷陳公繼之，相與遵其遺軌而加之以慎。於時郎官王秋澄鄒大澤劉健菴劉用齋趙儕鶴孟雲浦麻十洲李元沖輩，莫不朝夕砥礪，殫精白而應之，無敢以私干者。諸君子誠賢哉，要其開端之功，實自五臺，不可誣也！以致執政耽耽側目，後先剪除，不遺餘力，空署而逐，至再至三；甚而逐及升任之章衡陽，逐及回籍之黄□□[一]；甚而空四司而逐無留焉，卒亦無如之何！迄於今，雖不能如三公在事時，而流風餘韻，尚有存者。試看錢給事張御史，竟不免外轉；免外轉矣，又不免内察。姚給事文蔚，欲得一南冋卿，費多少委曲。卒之，部不與，而旨從中出。視陳海陽久玷公評，楊海豐猶力爲護持，俾偃然完京卿之壁而歸，且爲調王弘陽光禄於南，謫吳徹如比部於外以謝之者，相去迥然矣！揆厥所由，一線之脉，來自五臺，不可誣也。然則謂五臺旋乾轉坤固不得，只就銓政按而求之，辛卯以前是一局，辛卯以後是一局。要亦自成一乾坤，自具一旋轉也。」

陸平湖嘗語人曰：「吾做冢宰可一年，李漸菴可二年，曾見臺可三年，陳心谷可半年而已，其他即十年可也。」人問其故，公曰：「未須説破，異日當自知之。」此老大自有眼。

吾邑周儆菴先生，朴茂簡重，有古人風，對客終日，並無一閒話。只此大是難事！庶幾先進於禮樂者歟？

[一] 原本空二字。

王仲山題其廳曰：「居官者不知有家，盡職而已；居家者不知有官，守分而已。」龍崗施公洞爽豁達，不立城府。其爲吾郡，剖決如流，公庭常閑，可設雀羅。性好士，嘗浚玉帶河，建龍城書院，選諸生之秀者，躬課之。是科舉於鄉者甚眾，至今科甲不絕。吾邑孫少宰，所賞識，果大魁天下。武進周嵩河，自童儒中拔之，廉其貧，爲之行聘江陰曹氏，即少宰之内家也。吉服升堂，鼓吹而遣之。已而，亦取高第。嵩河，名道昌，改名鉉。其他不可枚舉云。

沈太素少年魁南宮，文名大噪。夷陵王少芳慕之，托所知求其窗稿，太素謝却之。予曰：「何必乃爾！得無已甚？」太素笑曰：「小人不可與作緣。」予嘆服不已。

予問伍容菴曰：「人言寧夏之變，不逮確齋魏公，必不能平，信乎？」容菴曰：「然。時予在兵部，見魏公報疏，言於堂翁曰：『國家設制府，正爲有急得以調發也。魏公當此大變，視若小警，既不聞躬擐甲胄，星馳赴討，又不聞移檄各鎮，協力進攻，第云已遣人持牌諭之矣。此事恐魏公不能了，須擇可代者以備緩急之用。』弗聽。自此，但抄塘報，漫無石畫，最後徑請罷兵防秋，豈所謂老將智而髦及之耶？顧以前時延緩功受上賞，予抗疏」云。

或謂予曰：「近有議鄒太史掘藏隕名者，潘雪松尚寶云，『此偶然應跡耳。泗山道大，原無利心，何足爲累？』子以爲何如？」予曰：「此不可責雪松，雪松是爲無善無惡之説所誤耳。」

邵文莊云：「願爲真士夫，不願爲假道學。」薛方山先師質之曰：「真士夫即真道學也，假道學即假士夫也。」誠然誠然！而文莊之意遠矣！

客言：「某某周遊講學，到處爲人居間，所遺金錢常滿，人多譏之，却有一段可敬處。」余曰：「何也？」客曰：「渠隨手輒盡，未嘗汲汲立生産，爲子孫計。跡若爲利，實乃超然於利之外也。」余曰：「若見盜而富者乎？」客駭而問曰：「何也？」曰：「此輩大都亦隨手輒盡，未嘗汲汲立生産爲子孫計也。今將曰『是超然於利之外也』，而賢之乎？」客曰：「若是其甚歟？」曰：「一則取諸白晝，一則取諸昏夜；一則出於高談性命之士，一則出於饑寒無知之民。以此觀之，彼爲盜者，猶或有可原也，何謂已甚乎？」

小心齋劄記卷十八　辛亥

或問：「世之論者，有謂學當重悟，有謂學當重修，孰是？」曰：「學不重悟則已，如重悟未有可以修爲輕者也，何也？舍修無由悟也。學不重修則已，如重修未有可以悟爲輕者，何也？舍悟無由修也。」曰：「然則悟修雙提，可乎？」曰：「悟而不落於無，謂之修；修而不落於有，謂之悟。」曰：「吾聞諸爾瞻鄒子之言曰：『無故提一悟字，已屬謎語；又提一修字，亦屬疑情。』如何？」曰：「此是活語，不可作死語看。作死語看，依舊是謎語。依舊是謎語，更無轉身處矣。如禪門説箇即心即佛，已而又説箇非心非佛，最後又言憑他非心非佛，我只是即心即佛。這是一句話？兩句話？三句話？須自家有箇分曉，莫被他瞞過也。」

玉池問：「念庵先生謂『知善知惡之知，隨發隨泯，當於其未發求之』，何如？」曰：「陽明之於良知有專言之者，無知無不知是也；有偏言之者，知善知惡是也。陽明生平之所最喫緊只是『良知』二字，安得遺未發而言？只緣就大學提宗，並舉心意知物，自不得不以心爲本體。既以心爲本體，自不得不以無善無惡屬心。既以無善無惡屬心，自不得不以知善知惡屬良知。參互觀之，原是明白。念庵恐人執用而忘體，因特爲拈出未發。近日王塘南先生又恐人離用而求體，因曰『知善知惡乃徹上徹下語，不須頭上安頭』。此於良知並有發明，而於陽明全提之指，却似均之契悟未盡也。」

近世率喜言無善無惡，及就而即其旨，則曰：「所謂無善，非真無善也，只是不著於善耳。」予竊以爲，經言無方無體，是恐著了方體也；言無聲無臭，是恐著了聲臭也；言不識不知，是恐著了識知也。何者？吾之心原自超出方體、聲臭、識知之外也。至於善，即是心之本色，説甚著不著？如明是目之本色，還説得箇不著於明否？聰是耳之本色，還説得箇不著於聰否？又如孝子悦在得親，不得則不可以爲子，須千方百計求盡子道，還可説莫著於孝否？如忠臣悦在得君，有不得則不可以爲臣，須千方百計求盡臣道，還可説莫著於忠否？昔陽明遭寧藩之變，日夕念其祖母岑與其父龍山公不置。門人問曰：「得無著相？」陽明曰：「此相如何不著？」快哉斯言！足以破之矣！

管東溟曰：「凡説之不正而久流於世者，必其投小人之私心而又可以附於君子之大道者也。」愚竊謂，惟無善無惡四字當之。何者？見以爲心之本體原是無善無惡也，合下便成一箇空；見以爲無善無惡只是心之不著於有也，究竟且成一箇混。空則一切解脱，無復掛礙。高明者入而悦之，於是將有如所云，以仁義爲桎梏，以禮法爲土苴，以日用爲緣塵，以操持爲把捉，以隨事省察爲逐境，以訟悔遷改爲輪回，以下學上達爲落階級，以砥節礪行、獨立不懼爲意氣用事者矣。混則一切含糊，無復揀擇，圓融者便而趨之，於是將有如所云，以任情爲率性，以隨俗襲非爲中庸，以閹然媚世爲萬物一體，以枉尋直尺爲舍其身濟天下，以委曲遷就爲無可無不可，以倡狂無忌爲不好名，以臨難苟免爲聖人無死地，以頑鈍無恥爲不動心者矣。由前之説，何善非惡？由後之説，何惡非善？是故欲就而詰之，彼其所占之地步甚高，上之可以附君子之大道；欲置而不問，彼其所握之機緘甚活，下之可以投小人之私心。即孔孟復作，其亦奈之何哉！此之謂以學術殺天下萬世！

或問於塘南王先生曰：「人有言：『無心於名與利者，大丈夫能之。無心於道與行者，非聖人不能。』其信然歟？」曰：「理固有之，非所以訓也。」此兩轉語大妙！可味可味！只是尚有説在。何也？道與行，天理一邊事；名與利，人欲一邊事。兩下判若霄壤，却總總道箇無心，須就裏討箇分曉，方没病痛。是故「正其誼不謀其利，明其道不計其功」，所謂無心於名與利也。至於爲謀利而正誼，爲計功而明道，則有心矣。不思而得，不勉而中，所謂無心於道與行也。至於得必以思，中必以勉，則有心矣。以此言之，其無心同而其所以無心異：一是別真於僞，教人從真上立根；一是別性於反，教人從性上歸宿。此非特理實如是，兼亦可以爲訓也。若把兩箇無心混作一樣用，吾見，在高明之士則視道與行爲塵垢粃糠，如名與利之不足以益人，概從擺脱；在圓融之士則視道與行爲徽纆桎梏，如名與利足以累人，悉與破除，而無忌憚之中庸出矣。此非特不可以爲訓，兼亦無如是理也。敢以此申先生未盡之指。

或問：「王文成言，當初學問也只在行誼上檢點，覺是拘泥，而外人同聲賢之。自龍場驛以後，磨鍊既深，性體始見，雖不規規於事爲，胸中覺得瀟洒，而人多不取。譬之人身外面無恙而腹中作痛，强自含忍，人亦謂其無恙也。至污穢一口吐出，胸中寬快而人反憎厭之。其説然歟？」塘南先生曰：「理固有之，非所以訓也。」此兩轉語大妙！可味可味！只是尚有説在，何也？跡上無瑕，心上有瑕，鄉愿行徑也，前一段所言是也。跡上有瑕，心上無瑕，狂者行徑也，後一段所言是也。文成蓋曰：「與其完完全全，人人道好，做箇假中行，寧其疏節闊目，行不掩言，做箇真狂者耳。」此非特理實如是，兼亦可以爲訓也。雖然，跡可見也，心不可見也。倘於其可見處，縱横顛倒，無所不爲，有過而詰之，輒去而逃之於其不可見處以自解，曰：「吾第求無愧此心而已，跡非所計也。」甚而爲之張皇其説曰：「知我者希，則我貴也。」又曰：「進此一步，方透毀譽關也。」其爲世道禍不小矣。此非特不可以訓，兼亦無如是理也。敢以此申先生未盡之指。

惲瑤池問：「本朝之學，惟白沙陽明爲透悟。陽明不及見白沙，而與其弟子張東所湛甘泉相往復。白沙靜中養出端倪，陽明居夷處困悟出良知，良知似即端倪，何以他日又辟其勿忘勿助？」曰：「陽明目空千古，直是不數白沙，故生平並無一語及之。至勿忘勿助之闢，乃是平地生波，白沙曷嘗丟却有事，只言勿忘勿助？非惟白沙，從古亦並未聞有此等呆議論也。大率近來儒者往往借人起箇話頭，隨而自標其見，按實求之，半成戲論耳。須知，無善無惡却是箇空鐺。」

當春秋時，出一孔子，即春秋之天地萬物便覺陡然有神，究竟亦全得了孔子氣力。當戰國時，出一孟子，即戰國之天地萬物便覺陡然有神，究竟亦全得了孟子氣力。

又曰：且無論孔孟大聖大賢，即如唐武后時，是何世界！賴有箇狄梁公，還成箇唐，即唐家之天地萬物自在，天下人心亦只知有唐，不知有武后也。宋徽欽北狩時，是何世界！賴有箇李忠定公還成箇宋，即宋家之天地萬物自在，天下人心亦只知有宋，不知有金人也。

又曰：且無論狄李兩箇大豪傑，即如宫之奇在虞，晉不敢伐；季隨在梁，楚不敢侵。二國雖小，亦自有他的天地萬物在，只其間有箇人便撑定了。吾輩於此不必拘執一局，須是大開胸襟，另具手眼，就裏看出箇意思來，中和位育之説，越覺分明！又不是陳同甫貶抑三代，下就漢唐，推尊漢唐上配三代的話頭也。

又曰：譬諸大家巨族，當其盛時，生得人既好，際遇又好，德業聞望，安富尊榮，烺烺炳炳，直是十分精彩。此如達而在上，君相的中和位育也。及其衰也，變故紛出，門庭蕭然，却幸生得箇好人，服習詩書，敦行禮義，故時家風，奮身整頓，略不墜落，亦何愧大家巨族？此如窮而在下，匹夫的中和位育也。故知，自家而國而天下，命脉都在人。又知中和位育，乃世間公共擔子，不可謂那箇有分，那箇没分，妄設藩籬也。然則吾輩今日一嚬一笑，一語一默，在在與天地相對越，在在與萬物相往來，何容兒戲？

孔子所以有功於天下萬世，是提出一箇「學」字；其所以闡明這學，是點出一箇「好」字。孟子所以有功於天下萬世，是提出一箇「性」字，其所以闡明這性，是點出一箇「善」字。

耿庭懷遺予書曰：「頃晤史玉池太常，相與慨斯道之不明，學術之多岐，欲推一人爲正宗，意者其明道乎？」予答之曰：「意者其元公乎？元公，圓宗也；明道，頓宗；伊川，漸宗也。」庭懷不以爲然，復遺書言之。予復答之曰：「明道之推，孰曰不宜？而僕言必稱元公者，以爲畢竟元公是師，明道是弟子也。今亦不必深論，即如元公令明道尋孔顏樂處所樂何事，而明道却曰『自再見周茂叔，吟風弄月以歸，有吾與點也之意』，等閒轉入曾點樂處矣。尋得孔顏樂處，其究也可以入聖，尋得曾點樂處，其究也率流而狂。

此見明道之未齊於元公也。又如明道少好獵，自謂今無此好，元公曰『何言之易也！但此心潛隱未發，一日萌動，復如前矣。』後十二年暮歸，見獵者，不覺有喜心，乃知果未也。明道不知自家胸中事，元公乃知明道胸中事；明道不免失之十二年之後，元公乃能得之十二年之前。非洗心藏密之極，何以及此？此又見明道之未齊於元公也。舉此二端，元公之所以爲元公，明道之所以爲明道，大略可睹矣。故曰：畢竟元公是師，明道是弟子也。來教，『尋樂之説一似啞謎，明道大段露出頭腦』，又謂『今日佛氏之盛極矣，單言片字剔透世人心靈，世人以此翕然赴之。奈何吾黨終日株守章句，甘拜下風？如保家者，盡喪其先世明珠寶玉重藏，而徒守其敝廬荒田也，可謂幹蠱人哉？吾黨誠欲大興吾道於今世，必先有以深服佛氏之心而收之笠；欲服佛氏之心而收之笠，必先有以洞開吾道之門而示之宗；欲開吾道之門而示之宗，非推尊明道不可。』言言都是。然而僕非遺明道不推也，推元公即是推明道。推明道而不及元公，猶之推子淵而不及孔子，所以推之者似淺耳。將謂定性識仁等説有加於『無極』、通書之上乎？據鄙意『無極』、通書，真儒家之明珠寶玉，而定性識仁等説乃明珠寶玉發光處也。於發光處識取明珠寶玉則可，遂認此光爲天下之至妙至妙，没却明珠寶玉則不可。故元公，三代以下之庖犧也。論道於三代以下，不認得元公，猶之論道於三代以上，不認得庖犧，中庸所謂『半途』，此耳。欲釋氏之服，恐未能也。來教又謂，『尊周必明圖，明圖必立教』。將以陰陽五行男女萬物爲教乎？抑必借上一圈而爲教也？上一圈者將以太極爲教乎？將並無極太極而兼言之乎？竊意，此等處，圖説儘自曉了，不必作何擬議。若欲進而求其精義之所在，又須以平心體之，深心入之，方能漸次湊泊，有非擬議可得而及者。門下且看這一圈與庖犧一畫有異同否？此乃悟徹先天，超然有會於象數名言之表，就手描來，全身盡露，上下千古，覺得河之圖、洛之書，亦若爲之一新，幾於重開混沌矣。至論聖學，單提『無欲』二字，何等斬截！何等徑淨！何等超脱！向所云孔顔樂處，意其在此。此無極真脉路也，亦可謂明明指出頭腦，不但啞謎而已。故僕以爲宜推元公。元公而下，前無如明道、後無如紫陽爲偏漸，仔細推敲，定不如元公之圓也。今欲上不溺於空寂，而又下不局於株守，舍元公奚宗焉？」

「五十而知天命」，孔子一天也；「知我者其天乎」，天一孔子也。是以兩下互爲知己。

吾輩試於此一查，生平知己何在？若知己是甲一項人，即我亦便是甲一項人；知己是乙一項人，即我亦便是乙一項人。莫得放過！

鄉黨一篇，乃是門人到處體察，到處描畫，恰如章章寫出小心圖。末章拈出「時」字，尤妙！「可以仕則仕，可以止則止，可以久則久，可以速則速」，時也。時未至，聖人不敢先也；時既至，聖人不敢後也。

心不踰距，孔子之小心也。心不違仁，顏子之小心也。

語本體，只是「性善」二字；語工夫，只是「小心」二字。

先大人於壬子年，即不幸棄世，則茲辛亥劄記殆絶筆也。今玩末條幾段，若舉向來小心齋秘密義，特爲標出，似了案究竟語，豈將棄世一讖耶？追憶舊聞，先大人十五齡時，嘗題其壁曰：「讀得孔書才是樂，縱居顔巷不爲貧。」先大父見而笑曰：「子欲爲孔顔耶？」乃今末條，仍以孔顔爲證，前後若符節云。則是先大人一生祈向，一生詣造，亦從可知矣！

男與渟與沐謹識